CRANWELL ROYAL
AIR FORCE COLLEGE

王新龙 | 编著

克兰韦尔军学院
军事航空启明星

CRANWELL ROYAL AIR FORCE COLLEGE
Military Air Force Venus

中国出版集团
现代出版社

图书在版编目(CIP)数据

军事航空启明星：克兰韦尔军学院 / 王新龙编著. —北京：现代出版社，2013.2(2021.8重印)

（未来领袖摇篮）

ISBN 978-7-5143-1392-5

Ⅰ.①军… Ⅱ.①王… Ⅲ.①军事院校—英国—青年读物②军事院校—英国—少年读物 Ⅳ.①E561.3-49

中国版本图书馆CIP数据核字(2013)第026838号

编　　著	王新龙
责任编辑	刘春荣
出版发行	现代出版社
通讯地址	北京市安定门外安华里504号
邮政编码	100011
电　　话	010-64267325 64245264(传真)
网　　址	www.xdcbs.com
电子邮箱	xiandai@cnpitc.com.cn
印　　刷	北京兴星伟业印刷有限公司
开　　本	700mm×1000mm 1/16
印　　张	12
版　　次	2013年2月第1版　2021年8月第3次印刷
书　　号	ISBN 978-7-5143-1392-5
定　　价	32.00元

前 言

QIAN YAN

  如今已步入不惑之年，记忆中的一些事情好多都已如烟消云散，不过有一个问题始终萦绕心头，我高中毕业的时候，家里的生活非常艰难，父母为什么还让我读完大学呢？这个问题困扰我已经20年了。终于有一天，我明白了，父母想让我换一种生活方式；他们不希望我沿着他们的生活轨迹前行！

  古人说："行万里路，读万卷书。"这句话实在深刻！对现代人而言，行万里路易，读万卷书难。科技的车轮正以惊人的速度滚滚向前，终日在电脑和千奇百怪的机器前忙碌的现代人，用电线、光缆、轨道和航线把地球变成一个村落，点击鼠标，我们可以在世界的任何一个角落把自己随意粘贴。好多人已经认为读书没什么用！读书是在浪费生命。于是，面对现代文明，缺少了读大学修炼的底蕴。我们频繁遭遇对面相逢不相识的尴尬，不断地积聚那些源自心底的陌生。为此，我们渴望一种深层的理解，渴望一种心灵的历练，以让脚步和心灵能够行得更远。

  大学有着上千年文化的厚厚沉积，大学有着上千年文明的跌宕起伏，大学有着上千年社会的沧桑巨变，这足以让你惊叹，让你震撼。大学给你的感觉是那样空灵，那样清新，那样恬静。追昔抚今，历史的长廊仿佛就在眼前。生命却耐不住"逝者如斯夫"的侵蚀，大学生活也是必需的人生

经历。大学的魅力,与其耳闻,不如亲见。大学生活可以弥补我们时间的缺失,增值属于我们的光阴;大学可以把智慧集腋成裘,让我们的生命成就高品质的价值。

在任何一个团体中,总有某一个人充当着核心的角色,他的言行能够被团体认可,并指引着团体的某一些决策和行动。我们可以把这种人所具备的人格魅力称为"领袖气质"。环境是一种氛围,一种智慧,一种"隐性课程"。我国古代有"孟母三迁"的故事,说明环境对人才成长的重要性。

在良好的教育环境中,人才更能轻松愉快、自由主动地去发现、思考和探索,从中获得知识经验,在情感、信念、意志、行为和价值观等方面得到潜移默化的熏陶;成长环境有助于显示今天的行动与明天的结果之间存在的永久联系。在这里,曾经出现过无数的政治、经济、军事、文化等各个行业的领军人物。他们用行动证明:最具实力、特点的学府,才能真正缔造别具一格的人才。

本丛书选了最具代表性的世界名校20所。通过对这些名校的概况、教学特点、培养的名人等的介绍,意在深度挖掘人才成功之路上不为人知的细节,同时剖析名校培养人才的根本原因所在,是一部您一定要读的人生枕边书。

尽管我们付出了诸多辛苦,然而由于时间紧迫和能力所限,书稿错讹之处在所难免。敬请各方面的专家学者和广大读者批评指正。我们不胜感激!

编者
2012年11月

目 录

开 篇 大学是未来领袖的摇篮

大学是社会的良心,是天才的渊薮,是文化与思想的栖息地,也是每一个青少年成为未来领袖的摇篮。每所大学都有独特的文化和性格。一所大学能反映一个城市甚至一个国家的精神气质。大学是今天与未来的桥梁,认识一所大学,可以树立一个梦想;树立一个梦想,可以创造一个人生。

第一章 认识克兰韦尔军学院

克兰韦尔军学院位于伦敦西南的克兰韦尔小镇,"克兰韦尔"在当地语中是指"有水有鹤的草原"。克兰韦尔军学院是英国负责空军军官任命前教育的初级院校,是英国空军军官生长的摇篮,也是世界上第一所军事航空学院。

第二章　传统的教学模式

克兰韦尔军学院的格言是"为明天的皇家军衔而学习"。所有的教学活动都围绕集体荣誉展开，让个体在群体生活中有一个目标，并向这一目标努力。学院在固定场合均设有荣誉室，醒目位置陈列历任主官照片、部队战绩。

第三章　克兰韦尔的军人精神

克兰韦尔军学院强调对军官的培养教育首先是精神品质的培养，内容包括道德、意志、心理品质和为国家、军队服务的信念。他们强调这是"首要的问题"。学院在尊重和强调客观物质因素的同时，也非常注重对军人进行精神引导。

第四章　英国王牌飞行员的殿堂

克兰韦尔军学院是世界上第一所军事航空学院，历史上在该学院毕业的学生中有不少杰出的空军军官。英国航空工程师惠特尔、"无腿飞将军"道格拉斯·巴德、约旦国王侯赛因·伊本·塔拉勒等都是从该学院毕业的。

开 篇　大学是未来领袖的摇篮

　　大学,是社会的良心,是天才的渊薮,是文化与思想的栖息地,也是每一个青少年成为未来领袖的摇篮。每所大学都有独特的文化和性格。一所大学能反映一个城市甚至一个国家的精神气质。大学是今天与未来的桥梁,认识一所大学,可以树立一个梦想;树立一个梦想,可以创造一个人生。

领袖是怎样炼成的

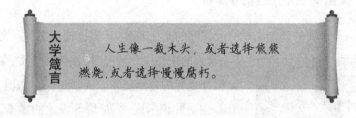

大学箴言

　　人生像一截木头，或者选择熊熊
燃烧，或者选择慢慢腐朽。

做一个出类拔萃的领袖

　　要想真正成为一名出类拔萃的领袖，必须在工作、生活各个方面具备过硬的素质。从某种意义上说，领袖必须成为人民的理想楷模。这不仅是指通常所理解的"德"，而且也是指同样重要的"智"。一个真正的领袖必须拥有远大的抱负，拥有异于常人的智慧，超常的适应能力，服务大众的态度和引导舆论的能力。

　　一个好领袖必是一个好的聆听者，并掌握与人沟通、表情达意的技巧。他充满自信，具有很强的分析能力，亦必毅力过人，并能不断自省以求进。英国首相温斯顿·丘吉尔说过："成功不是终点，失败也并非末日。最重要的是具备勇气，一直前行。"当一个人为实现梦想苦苦追寻的时候，需要这样一种意志和品格。

　　坚持，是一种信念。无论在国内，还是在国外，要获得最美丽的人生，

要实现自己最大的价值,要能够对社会、对他人有所回报,就要坚持自己的目标和梦想。

坚持,是一种过程。这个世界上,天上掉馅饼的事儿几乎为零,或者没有什么事情是一蹴而就的。在梦想实现之前,需要耐得住寂寞、孤独和暂时的不成功。

坚持,是一种生活方式。学习也好,工作也好,生活也好,都需要用一种坚持的态度去完成。这种生活方式可以磨练自己的意志力。坚持住人生信念,没有什么困难是不可以克服的。

做富有文化底蕴的智者

一个优秀的领袖必然有着深厚的文化底蕴,其实也就是文气。文气是指一个人的内在文化底蕴、外在儒雅气质、文化修养、精神境界的自然显露。大学是保存知识、传播知识、创造知识的殿堂,是培养人才的摇篮,是先进文化的策源地和辐射源。大学领导者作为知识分子的领袖、楷模和标尺,如果自身没有知识、没有文化、没有学问,即没有所谓的"文气",就不会得到师生的尊重、敬仰和爱戴,就很难引领大学的发展。

【领袖语录】

读书时不可有己见;读书后不可无己见。

修炼文气,须多读书,成为大学者。"腹有诗书气自华"。要养成儒雅的文气,就必须博学多识,不仅学习教育学、心理学、管理学、领导学、经济学等知识,还要多读经典古文、传统诗词、名家名篇,广泛涉猎经济、政治、文化、社会等各方面,学贯中西、通晓古今,努力成为著名学者。纵观做出卓著成绩的校长,他们都是某个学科领域的专家,同时也对人文社会科学知识有深厚的积淀。如北京大学原校长蔡元培是哲学家、美学家,还通晓教育学、心理学、生理学,堪称大学问家。

修炼文气,须多思考,成为思想家。文气的养成是为了提高个人素养,促进工作实践,而思考是学习与行动的桥梁,"学而不思则罔"。思考形成思维,思维产生观念,观念形成思想,思想决定行动。因此,大学领导者必须学会思考,并多思考。要明了大学的性质,知晓大学的历史,把握大学面对的环境和拥有的资源,把文气的养成与改造思想结合起来,与指导实践结合起来,与解决实际问题结合起来。历史证明,成功的大学领导者,一般都是深邃的思考者。譬如,哈佛大学校长博克曾著《超越象牙塔》,指出现代大学不能回避为社会的进步和国家的利益服务;芝加哥大学校长赫钦斯曾著书《高深学问》,反对功利主义,倡导博雅教育;耶鲁大学校长吉亚麦提曾著《大学和公众利益》,探讨大学的性质和在社会中的作用;加州大学校长克尔曾著《大学的功用》,提出了巨型大学的概念。由于他们对大学有深入的思考,不随波逐流,从而把大学办出了特色,推上了新台阶。

修炼文气,须多谋划,成为谋略家。大学领导者是学校的规划设计者,历史上有卓越成就的大学领导者都是优秀的谋略大师。卡迪夫大学前任校长史密斯爵士曾说过,作为领导者,他必须将四分之三的时间花在思考学校方向和战略上,他认为,"校长就是要将自己的办学战略和价值理念传播出去,让学校所有员工接受,然后选择合适的人去实现这些策略。"中国的大学校长都曾经或正在谋划制定"大学发展战略规划、大学学科和师资队伍建设规划、大学校园发展规划",引领大学的发展和振兴。事实证明,大学

> **【领袖语录】**
> 所谓年轻的心,就是总有一扇门敞开着,等待未来闯进。

领导者只有经常围绕"建设一个什么样的大学,怎样建设这样的大学"的问题潜心思考,精心谋划,才能认准大学发展的根本方向,不至于随着各种思潮的冲击而左右摇摆。

浩然正气的力量

一个优秀的领袖还必须有正气。孟子曰:"吾善养吾浩然之气。"文天祥说:"天地有正气,杂然赋流形。下则为河岳,上则为日星。于人曰浩然,沛乎塞苍冥。"对大学领导者来说,正气就是不媚俗,能引领社会发展潮流。

　　修炼正气,须不媚俗。大学既要防止"滞后于社会"的弊端,但又不简单地"迎合时尚"。这就要求大学领导者的办学理念和行为方式必须因时而变,成为"对现在和未来都会产生影响的一种力量"。但这种适度而明智的变化不是无原则、无限度的,必须是"根据需求、事实和理想所做的变化"。罗伯特·M·赫钦斯在《学习社会》一书中直言不讳地追问:"大学究竟是为社会服务还是批评社会?是依附于社会还是独立于社会?是一面镜子还是一座灯塔?是迎合眼前的实际需要,还是传播及光大高深文化?"这些都需要我们深思。

　　有几个充分表明大学校长不媚俗的例子:1986年哈佛大学校庆,当时的美国总统里根希望获得哈佛大学名誉博士的称号,但哈佛大学校长德雷克·博克予以拒绝:"里根可以成为美国总统,但他难以获得哈佛的博士学位,因为这是学术称号。"人们称之为"两个President之争"。基辛格从国务卿岗位上卸任并退出政坛后,很想回到哈佛大学工作,但被哈佛大学校长婉言谢绝:"基辛格是个学识渊博的人。如果论私交,我和他的关系也不坏。但我要的是教授,不是不上课的大人物。"1957年北大校长马寅初在最高国务会议上提出他的"新人口论",受到当时权威的批判,但他说:"我决不向专以力压服,不以理说服的那种批判者们投降。"尽管他被迫辞去北京大学校长职务,全国人大常委之职也被罢免,公众的心中却并未消失,马老正直的身影和铿锵之声;历史证明,马寅初不媚俗,不迷信权威,他掌握了真理。

　　修炼正气,须能引领。大学不应脱离社会、孤芳自赏,而应当"与社会保持接触",并"以自己的实力和声望"对科学和重大而紧迫的社会问题、社会现象进行研究,从而对社会可能采取的行动与对策产生影响。赫钦斯说:"大学是一个瞭望塔。"在改革社会中应发挥积极的作用,成为承担公共服务的必不可少的工具,应不惜一切代价加强各种创造性的活动,引领社会前进。普林斯顿大学原校长弗莱克斯纳认为:大学必须经常给予学生一些东西,这些东西并不是社会所想要的(want),而是社会所需要的(needs)。不管社会如何变化,在任何情况下,大学都有对于知识和思想保存的责任，能不断引领社会发展，而不是一味地适应社会。因此，大学领导者应有能力通过引领大学发展来引领社会发展。

底气是做人之本

一个优秀的领袖还必须有底气。底气是做人之根本、根基、根源。底气足，才有真本钱，才有发言权，才有凝聚力和号召力。底气的表现形式就是说话的分量、

人格的魅力、个人的影响力，就是群众的归属感、信任感和敬仰感。作为大学领导者，必须要有充足的底气。有了充足的底气，才能确立威信，促进事业的兴旺发达，实现大学的价值。充足的底气需要磨练和积累，需要全身心地培育和修炼。

修炼底气，须立大志。底气源于理想和信念。理想和信念是大学领导者的基本内在修养。大学最根本的社会功能就是储存、创造和传递人类文明。大学要创造新的人类文明就要为了真理而追求真理。追求真理本身就是目的，因此，它天然地反对功利主义。大学还要负载价值，守望社会精神文明，给人类以极大关怀。因此大学领导者要树立追求真理、献身真理的大志向。要坚信我们所从事的事业是正义的事业，是伟大的事业，责任崇高而神圣，任务光荣而艰巨。

修炼底气，须善实践。能力是底气的表现。大学领导者在专业上要做专家，管理上要做行家，必须勤于实践善于实践。以华中科技大学历任领导者为例，他们都是善于实践的典范。朱九思提出"敢于竞争，善于转化"，"科研要走在教学的前面"，大力加强科学研究；杨叔子坚持"高筑墙，广积人"，大力加强师资队伍建设；周济实践"以服务求支持，以贡献求发展"，大力发展社会服务等。正是历届领导者励精图治，实践创新，硬是把一所名不见经传的大学建设成了一所国内外知名的大学。由此可见，大学领导者应该是实践者。他不一定是管理学科的专家，但深谙教育管理之道，善于行政管理，精于用人之道，具有解决和处理各类大学矛盾的能力。

他不一定是专门的政治家,但能够把握大学正确的发展方向,提出适合大学长远发展的办学思想与理念,用先进的办学指导思想推进大学的建设、改革与发展。

修炼底气,须敢成功。成功的大学,领导者会更有底气,有底气的领导者会把大学引向更加成功的境地。正是由于哈佛校长艾略特、劳威尔、柯南特、博克等人成功地将哈佛引向了成功,才使哈佛大学更有了底气;也正是哈佛大学的不断成功,才使哈佛大学的校长更有底气,从而进一步引领大学从胜利走向新的胜利。

大气是一种智慧

一个优秀的领袖还必须有大气。大气,就是大气度、大胸怀、大气魄,大爱心。大学应该有大气。江泽民同志在北大百年校庆时讲:"大学,应该是培养和造就高素质的创造性人才的摇篮,应该是认识未知世界、探求客观真理、为人类解决面临的重大课题提供科学依据的前沿,应该是知识创新、推动科学技术成果向现实生产力转化的重要力量,应该是民族优秀文化与世界先进文明成果交流借鉴的桥梁。"完成这一使命,"大学的党委书记和校长,应该成为社会主义政治家、教育家。"因此,大学领导者应该有大气。

修炼大气,须有大视野。大学之大,根本取决于它的两大直接产品:学术和学生,以及铸成这两大产品的模具:学者、学长和学风。因此大学之大,乃在于学术之大、学生之大、学者之大、学长之大、学风之大。大学领导者要有宽广的视野、开放的精神,兼容并蓄,善于从复杂的现象中看到事物运动的基本态势,抓住基本规律,从眼前的利害中超越出来,突破经验的束缚,对社会需求进行全局的、客观的把握,穿透眼前,看到长远。大学发展的历程证明,大学领导者的视野往往决定大学的发展。纽曼的传统大学观把大学看作是"一个居住僧侣的村庄",弗莱克斯纳的现代大学观把大学看作是一个城镇,而克拉克·克尔的多元化巨型大学观则把大学看作是"一座充满无穷变化的城市"。可见领导者的视野决定大学的视野。哈佛大学校长萨默斯以国际视野改革大学教育，强调哈佛新课程改革要给本科生更多的到国外学习的机会。

　　修炼大气，须有大胸怀。"一个人胸怀有多大，才能做多大的事业。"大学具有天然的包容性：首先是学科包容。大学包容了传统基础学科，还包容了跨学科、边缘学科和应用学科，甚至为那些已经乏人问津的学科以及尚未获得广泛承认的学科与知识领域留有一席之地。其次是学者包容。大学包容各种各样的学者和学生，甚至为个别行为、个性和思想方法奇特的学者创造宽松环境，使他们按自己的习惯从事活动。再次是学术包容，即包容学术上的各种不同见解。因此，大学领导者在办学理念上，要有开放意识和世界眼光，以昂扬的气势迎接各种挑战，以仁厚的情感容纳学生，以宽容的精神对待学术，以谦虚的心灵接纳新知识；要在选用人才上，有"海纳百川"的大气，以开放的胸怀招揽人才，以宽广的眼光选用人才；在具体工作上，要有团结友爱的胸怀、互以对方为重的风格，要搞五湖四海，不搞小圈子，做到坦坦荡荡、光明磊落，容人、容事、容言。如果说大楼、大师是大学的硬件，大气则是软件，软件与硬件同样重

> **【领袖语录】**
> 　　气不和时少说话，有言必失；心不顺时莫做事，做事必败。

要。在一定意义上，甚至可以说软件比硬件更重要。1953年出生的安德鲁·怀尔斯，10岁时对世界难题费马大定理着了迷，于是立志搞数学。他32岁成了普林斯顿大学教授后好像突然消失了，学术会议不参加了，论文也没有，有人说他江郎才尽了，有人说应该解聘他，但普林斯顿大学校长不为所动，仍然聘他为教授，表现出了大学的大爱，终于在9年后的1994年，安德鲁·怀尔斯破解了费尔马大定理，轰动世界，也使普林斯顿大学声名远扬。

　　修炼大气，须有大手笔。有了大手笔，才会有大发展。大手笔，要有大气魄，要有超越、怀疑、批判精神。要超越各种形式的禁锢和守旧观念，挑战各种历史理论和权威，深刻批判与反思，进行前提性追问、主体创造与建构。正是因为洪堡的大手笔才使柏林大学得以振兴，成为研究型大学的

楷模,从而使大学具有科学研究的职能;正是范海斯的大手笔,提出"威斯康星州的边界就是威斯康星大学的边界",才使美国大学得以崛起,从而使社会服务成为大学的第三大职能;也正是蔡元培的大手笔改造旧北京大学,才使北京大学焕发出新的青春活力,成为真正意义上的现代大学。大学领导者要有大手笔,就要敢于有所为,有所不为,有所舍弃,敢于砍掉不适合自己学校发展的东西;有所为,有所先为,有所后为,敢于在自己的位置上创新、创造不可替代的业绩。

锐利的士气

　　一个优秀的领袖还必须有锐气。《淮南子·时则训》所说的"锐而不挫",彰显的是不畏困难和挫折的精锐士气。锐气就是要有一股子劲,始终保持一种向上的进取姿态,保持高昂的工作热情和工作韧劲。锐气就是在成绩面前不忘乎所以,在困难面前不灰心丧气,不断适应新形势,研究新情况,解决新问题,做到"苟日新,又日新,日日新"。有锐气,才能有所作为,有所建树。

　　修炼锐气,须讲批判。大学是知识传递与生产的场所,是新思想的重要发源地。不论是知识的传递与生产,还是真理的探求,都应该建立在大学批判责任基础之上。德国社会学家海因兹·迪特里奇尖锐地指出:"今天的大学是一些被阉割了的机构,大学教育脱离大多数人的生活现实,研究质量低下,教育道德沦丧。"作为大学领导者要弘扬大学的批判责任,鼓励和支持大学继续扮演那种绝对真理、社会公正和道德良心守护神的角色。

　　修炼锐气,须讲创新。加拿大阿尔伯塔大学校长罗德里克·德·弗雷泽认为,大学领导者的主要职责有三项:第一,吸引最好的学生到学校读书;第二,吸引最好的教职员工到学校工作;第三,为教职工、学生提供足够的资源,营造积极的氛围,使师生能够有效地学习、创造性地开展学术与科研工作,保证他们发挥最大潜力。大学要做好这些工作,没有具备创新意识和创新能力的领导者是不行的。创新是大学保持生命力的关键所在。历史证明,不满足于现状,勇于改革和创新是优秀大学领导者共同的特征之一。哈佛大学原校长劳威尔说在他任校长的 24 年里,有四大创新:一是设立主攻课和基础课制度,二是设立住宿学院制度,三是设立导师制度,四是设立荣誉学位制度。这些都为哈佛大学的进一步发展奠定了基础。

修炼锐气,须养个性。牛津大学原校长纽曼是一个有个性的校长。他认为:大学是传播普遍性知识的场所。知识本身即目的。教育是理智的训练。大学是为传授知识而设的,"如果大学是为了研究,我不知道大学为什么要那么多学生"。他的个性造就了牛津大学

【领袖语录】
    没有人可以打倒你,打倒你的只有你自己。

的辉煌。柏林大学原校长洪堡认为,大学的基本组织原则就是两条:自由和宁静,教师和学生为科学而共处,自由地进行各种学术上的探讨。他的个性使柏林大学很快崛起。威斯康星大学原校长范海斯认为,大学的基本

任务是把学生培养成有知识、能工作的公民;进行科学研究,发展创造新文化、新知识;传播知识,把知识传授给广大民众,使他们能够运用知识解决经济、生产、生活、政治等方面的问题。这种理念引领大学走出了古典大学的围墙,使大学获得了新的生命。曾经被毛泽东评价为"学界泰斗,人世楷模"的蔡元培,不仅提出了"囊括大典、网罗众家、思想自由、兼容并包"的著名办学方针,铸就了"北大精神",更重要的是,他具有"外和内介、守正不阿、勇于任事、敢于负责、宽容大度、民主平等、严于律己、廉洁奉公"的个性,改造北大,铸就了北大的辉煌。

领袖素质

　　远大的理想。纵观历史中的领袖都有远大的抱负,所谓吞吐天地之志。拥有这样的理想才能塑造其人格魅力。人们追随他,绝不仅仅因为他长得帅,而是因为他能带给人们希望,给人们一个远大而美好的憧憬。

大学在青少年成才中的作用

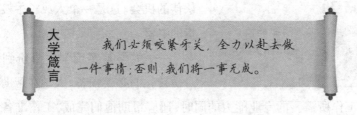

做一个知书达礼的人

大学可以让我们自我发展与完善，大学不仅能帮助学生"读书明理"，更能帮助学生提升修养、品质、智慧。大学教育对于年轻人形成人生观、社会价值观，对于发现和理解生命的意义和人的社会价值有极大的作用。大学是人们的精神家园。

青少年作为明日的社会精英，在大学期间除了读好本科课程外，亦应把握所有机会与同窗多交流，多沟通，以培养人际沟通技巧，学习聆听，也多表达意见。这些同侪间的互动、不断的切磋砥砺，对于培养个人自信心、提高分析和自省能力都有莫大裨益。

大学在现代已经逐渐发展成高等教育系统，由各种类型的高校组成，不同类型的高校的社会职能与社会定位、人才培养目标、对学生的要求、教育教学模式各不相同。就读不同的高校通常与不同的职业生

涯发展有着较为密切的联系。选择大学,应当是个人对大学意义与价值和自身发展设想充分认识基础上的理性判断。从一般意义上讲,今天的大学至少能为学习者提供以下服务。

——大学是探究未知世界的场所。具有好奇心的年轻人与致力于探究未知世界的教师结成共同体,大家志同道合,在满足好奇中推动人的发展和社会发展。这样的职能是其他社会机构无法替代的。

——大学是年轻人交往的地方。大学把四面八方、有着各种文化背景、生活体验与经历的学生汇集起来,让年轻人相互交往并且相互学习,为每一个学习者提供发现不同的交往伙伴的机会。这是一个人成长中极为宝贵的财富。

> **【领袖语录】**
>
> 信仰比知识更难动摇;热爱比尊重更难变易;仇恨比厌恶更加持久。

——大学是实现学生身份到工作身份转化的必要预备。大学在帮助学生形成工作所需的专业能力的同时,还应帮助他们完成"工作准备",形成个人就业的"配置能力"(个人在就业市场上发现机会、自我判断、抓住机会实现就业的能力)。大学对学生在心理、文化、人际交往、专业等方面的训练,正是为了能有这样的"配置能力"。这是推动学生转型为"职业人"的社会化过程。

——大学帮助年轻人获得安身立命的专业能力。高等教育往往决定多数人终身的专业方向和职业领域,它帮助学生形成专业化的劳动能力,在今天这样分工高度专业化的社会,专业教育具有关键作用。

做适应社会需要的人

现代大学将越来越难以提供人们曾经期待的那种"社会地位配置"作用,而"回归"教育机构的本质。所以,大学生要认真把握大学能提供什么和自己需要什么,在大学里努力提升综合素质和专业能力,给自己的未来加注尽可能多的"能源"。

克兰韦尔军学院

KELANWEIER JUNXUEYUAN

　　随着世界格局的变化,特别是东西方阵营的瓦解和各国发展模式的调整。原有政治主导或经济主导的状况相应改变。大学的普及成为影响青少年发展的重要因素,也引起青少年组织与社团的高度重视。大学为青少年学习提供动力的同时,为青少年组织与社团开展各种服务、活动、教育提供了机遇。

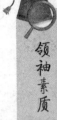

领袖素质

　　超常的适应能力。领袖的路并不一定是一帆风顺的。有前呼后拥的壮观场面,也有独自一人的低谷阶段。能够适应时局的起落变化,不被挫折打倒,不被胜利冲昏头脑是领袖的生存之道。

伟人的性格特点

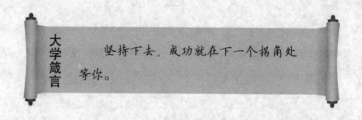

大学
箴言

坚持下去，成功就在下一个拐角处
等你。

非智力因素的作用

现代心理学研究表明，一个人的非智力因素(性格是其中一个重要方面)在一个人的成才中占有十分重要的作用。一个人具有优良而成熟的性格就能最大限度地发挥自己的精神力量，并能与环境中的他人建立和谐良好的关系。一个人的性格还是其自身品德、世界观的具体标志，是其精神面貌的综合反映和集中体现。

有人对享有盛誉、成就卓著的领导人的性格进行了研究，发现他们共同的性格特征是：实际、客观、求善、创新、坦诚、结交、爱生命、重荣誉、能包容、富有幽默感、悦己信人。这些性格特征是他们造福于人类的信仰的体现，对支持他们始终如一地为实现信仰而奋斗起了重大作用。

美国心理学家台尔曼对150名事业有成人士进行研究，发现性格因素与他们的成功有着密切关系。他们往往具有以下共同性格特征：第一，为取得成功的坚持力;第二,善于积累成果;第三,自信心强;第四,不自卑。考克斯对1450年至1850年400年间所出现的301位伟人进行研究,发现他们都有以下优秀性格特征:自信、坚强、进取、百折不挠等。

在社会实践中,对不同职业者还有不同的职业性格要求。例如,做医生要有严谨、认真、细心、安定的性格;做企业家要有独立、进取、坚强、开放、灵敏等性格;而作为军人就要有勇敢、坚强、果断、自制、机智等性格。不具备相应的职业性格特征的人,往往难称其职。

在日常生活和人际交往中,热情、真诚、友善的人受欢迎,生活也幸福;冷漠、虚伪、孤僻、不负责任的人受冷落,生活也多有不幸。

信念的作用

信念,是一种心理因素。信念领导力是战胜挫折、赢得机遇的前提,也是切实的方法。自信的人首先忠诚于自己的信念,这种信念融入你的言行、举止,让你的举手投足都在辅助你的语言所表达的信息,因而让人们相信你的能力和人格。作为一个领导者,信念坚定是战胜工作中的困难,力排干扰,把握时局,打开局面,果断决策和树立领导威望的一个重要的心理优势。

有了信念,才能以最佳心态开展工作、履行职责;有了信念,才能以饱满热情开创事业、完成使命。运动员在赛场比赛,要争得第一,争得一流,不可没有信念;求职者在人才市场应聘,要技压群芳,求得赏识,不可没有信念。一名领导干部,无论是作竞职演讲,还是就职表态,必须保持良好的心理素质和精神状态,以坚定的口气、热情的态度、积极的表现来赢得上级和群众的支持。

自信是一种认识和态度

自信是一种认识和态度,也通过人的风格来表现。美国形象设计大师鲍尔说:"成功男人的风格反映在外表,而优雅来自内在,它是你的自信及对自己的满意,它通过你的外表、举止、微笑展示。"自信并不一定是天生

具有的，它可以通过后天的培养而产生。如果你在生活中认真观察，你会发现这种自信是有感染力的。

心理学家发现，外向的性格和信念是吸引和保持朋友的重要原因。由于自信，朋友和同事愿意跟随着你，上司也会对自信的人高看一眼。因为你具有自信的气势，让别人相信你能把任何事都变成现实。然而信念却不一定需要用语言来表达，它通过你的神态、语气、姿势、仪态等等，无声无息地、由里向外地散发着魅力。

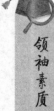

领袖素质

服务大众的态度。领袖并不一定要用暴力主宰一切，事实上暴力统治一般不能长久。长久的领导艺术需要懂得如何服务大众，满足大众。

18

大学为伟人提供了成才的环境

大学箴言

所谓人才,就是你交给他一件事情,他做成了;你再交给他一件事情,他又做成了。

环境对人的心理和行为具有普遍制约作用。系统论认为,环境是第一个在系统周围能够广泛产生作用的场所和条件。人的心理机能是对环境的长期适应的结果,人的心理和行为取决于当前的刺激、个性特征、整个环境及特征。同时,环境与人的心理和行为是相互作用的,这种关系不仅表现在人类生存的自然环境与人的心理与行为的相互作用,也表现在社会环境与人的心理和行为的相互作用,环境对人的心理、行为产生普遍的制约作用,人的心理、行为又导致环境的改变。

心理学家考夫卡在其《格式塔心理学原理》一书中提出环境分为现实的地理环境与个人意想中的行为环境,他认为行为产生于行为环境,受行为环境的调节。另一位心理学家勒温在《拓扑心理学原理》一书中提出

动力场理论,该理论中的生活空间是指人的行为,也就是人和环境的交互作用。勒温所指的环境是指心理环境,是与人的需求相结合在人脑中实际发生影响的环境,由于人的需求的作用,使生活空间产生了动力,勒温称为引力或斥力。由于生活空间具有的动力,人的行为就沿着引力的方向向心理对象移动。

大学为伟人们提供了一个"宽松"与"紧张"适度平衡的环境。大学的环境往往会创造出一种特有的氛围。耶鲁大学模仿英国牛津大学和剑桥大学的模式,从 20 世纪 30 年代开始实行的"住宿学院"制沿袭至今,每个"住宿学院"有 300～500 名本科生,男女比例对等,配有院长和学监各 1 名。12 个"住宿学院"拥有自己的餐厅、客厅、庭院、图书馆、娱乐室等。学校希冀借此使其学生所受的教育不仅仅局限于课堂知识,而且注重在起居社交时学到做人的道理,并从中获得终身的友谊。

列别捷夫曾说,"平静的湖面,炼不出精悍的水手;安逸的环境,造不出时代的伟人。"在这个高等教育良莠不齐的时代,一所真正的一流大学所能为国家和民族乃至整个社会做出的贡献是不可估量的。

领袖素质

　　引导舆论的能力。不得不承认,所有的领袖都要有非常好的口才。他必须时刻掌握舆论导向,让思想意识统一在自己的领导方向上。在管理学中,领袖是人际角色中的一类,有着激励和指导团队成员的责任。

第一章 认识克兰韦尔军学院

克兰韦尔军学院位于伦敦西南的克兰韦尔小镇,"克兰韦尔"在当地语中是指"有水有鹤的草原"。克兰韦尔军学院是英国负责空军军官任命前教育的初级院校,是英国空军军官生长的摇篮,也是世界上第一所军事航空学院。

第一课　学校的建立

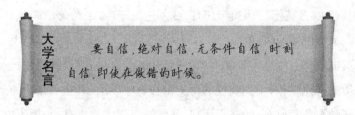

大学名言

要自信，绝对自信，无条件自信，时刻自信，即使在做错的时候。

　　克兰韦尔军学院的渊源可以追溯到第一次世界大战期间。当时，英国海军部想在南部和东部海岸建立一些航空站，以补充海岸警卫系统的不足，更好地对来自海上和空中的入侵进行预警。为此，英国皇家海军航空兵于1915年决定成立一个独立单位，训练军官和船员操作飞机、观测气球和飞艇。

　　克兰韦尔军学院位于伦敦西南的克兰韦尔小镇，"克兰韦尔"在当地语中是指"有水有鹤的草原"。这里很早以前是一个牧场，第一次世界大战期间，当时英国海军部想在南部和东部海岸建立一些航空站，海军部命令征用了这个牧场大约167公顷的土地，开始了茅屋军营和飞机库的建设。

　　1916年4月1日，"皇家海军航空兵克兰韦尔中央训练团"正式成立，戈费雷·

【名人谈文化】

　　一本书最好的并不是它包含的思想，而是它提出的思想正如音乐的美妙并不寄寓于它的音调，而在于我们心中的回响。

——霍姆斯

佩因海军准将任指挥官。

1918年4月1日,随着皇家海军航空兵和皇家飞行团的合并,克兰韦尔的所有权也转交给英国皇家空军。前海军基地的名称也被换为"英国皇家空军克兰韦尔站"。第一次世界大战后,英国皇家空军参谋长休·特伦查德爵士决定加强皇家空军作为独立军种的地位。其中的一项措施就是建立一所军事航空学院,为皇家空军未来的指挥官们提供基础训练和飞行训练。

1920年2月5日,英国皇家空军正式成立,任命朗克罗夫特空军准将为学院院长。这也标志着世界上第一个军事航空学院的诞生。1922年,学院决定兴建学院大楼以替代战时的海军棚屋。这项工程直到1933年9月才完成,耗资32.1万英镑。1934年10月,威尔士王子(后来的爱德华八世)主持了学院大楼的落成仪式。

英国现拥有军事院校80多所,平均3900名官兵就有1所院校。英军院校的历史都比较长,不少院校的历史都在百年以上。本丛书介绍的桑赫斯特皇家陆军学院已有260多年历史。原陆军参谋学院也有200年历史。皇家海军学院有140年历史,海军工程学院也有120多年历史。英军院校历史悠

久,形成了比较完整的院校体制和教育训练体系。

英国军事院校体系,在纵向上分为初、中、高三级,在横向上分为指挥院校与技术院校两类。英军所有军官都必须接受初级院校教育,经考试合格,方可授予相应的军衔与职务。在服役过程中,随着军衔与职务的提升,再送往中、高级院校培训。

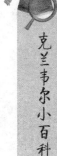

克兰韦尔小百科

　　克兰韦尔军学院采取多种方法增强对军人意志的培养和军人职责的教育,体能和野外生存训练是其重要的方法之一,学院认为这种训练在强健学员体质的同时,更培养了其自信心和坚强的意志。主要方式是航海训练,攀登悬崖,荒漠、森林、山路行军和跳伞训练。这些训练的对抗性、实战性非常强,使逃生技能和身心都得到了锻炼。

第二课　浓厚的历史文化

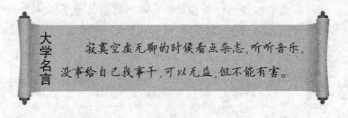

大学名言

寂寞空虚无聊的时候看点杂志，听听音乐，没事给自己找事干，可以无益，但不能有害。

　　克兰韦尔军学院是英国负责空军军官任命前教育的初级院校，是英国空军军官成长的"摇篮"。英国空军对现役军官的初级训练由克兰韦尔皇家空军学院和大学航空中队负责实施，学员毕业后授予少尉军衔。

　　1916年4月1日，"皇家海军航空兵克兰韦尔中央训练团"正式成立，戈费雷·佩因海军准将任指挥官。除了训练飞行和飞艇外，克兰韦尔还成立了一个专门训练航空机械师和地勤人员的见习训练联队，其任务是把海军水手训练成空军机械师和装配师。1918年2月，阿尔伯特王子（即后来的约克公爵和乔治六世）被任命为见习大队第四中队的指挥官。1918年8月，他离开克兰韦尔。随着皇家海军航空兵

> 【名人谈文化】
>
> 　　人总是要犯错误、受挫折、伤脑筋的，不过决不能停滞不前；应该完成的任务，即使为它牺牲生命，也要完成。社会之河的圣水就是因为被一股永不停滞的激流推动向前才得以保持洁净。
>
> 　　　　　　　　——泰戈尔

和皇家飞行团的合并,克兰韦尔的所有权也转交给英国皇家空军。前海军基地的名称也被换为"英国皇家空军克兰韦尔站"。

第一次世界大战后,英国皇家空军参谋长休·特伦查德爵士决定加强皇家空军作为独立军种的地位。其中的一项措施就是建立一所军事航空学院,为皇家空军未来的指挥官们提供基础训练和飞行训练。1920年2月5日,英国皇家空军正式成立,朗克罗夫特空军准将为学院院长。这也标志着世界上第一个军事航空学院的诞生。

1922年,学院决定兴建学院大楼以替代战时的海军棚屋。这项工程直到1933年9月才完成,耗资32.1万英镑。英国克兰韦尔皇家空军学院主要负责培养英国、英联邦以及其他国家的初级空军军官和飞行员,也是世界上第一所空军学院。1997年4月1日,学院正式划归英国国防部所属的人事与训练司令部领导。

英国皇家空军学院的格言是"为明天的皇家军衔而学习"。所有的教学活动都围绕集体荣誉展开,让个体在群体中生活有一个目标,并向这一目标努力。学院在固定场合均设有荣誉室,醒目位置陈列历任主官照片、部队战绩。

学校的办公楼内浓缩了学院发展的辉煌历史。一楼的大厅和走廊陈列着学院很多历史文物,天花板上悬挂着皇室和皇家空军授予的军旗、奖旗,陈列柜里摆满了皇室和皇家空军颁发的荣誉证章、证书、嘉奖令以及历史上曾经使用过的飞机的模型、教材和教具,墙上挂的都是英国女王、亲王和学

院历任院长、优秀教员、学员等人物的画像。

院长官邸是座古香古色的两层楼，建于1846年，起初是牧场主的住宅，后改作办公楼使用。1918年英国皇家空军学院组建后，办公楼改作院长官邸。官邸内有各种藏画、藏品和摆设，室内墙上有一块木板，详细记载了官邸的历史以及每一任校长的名字。

学院由飞行训练学校、训练司令部以及教育管理机构等单位组成，在这些下属单位的办公和生活场所醒目的地方，也都陈列着本单位的历史资料、照片。在学院的飞行训练基地，上至司令部、下至飞行中队都有自己的标志物和格言。在空军学院所属的克兰韦尔机场飞行人员休息室，墙上挂着航空机枪和螺旋桨。第五十五飞行中队的前身是一支有着赫赫战功的部队，参加过两次世界大战，那机枪和螺旋桨就是从参加过大战的飞机上拆下来的。第十二飞行中队的队徽是狐狸，下有一句苏格兰名言："大家要做好准备！"

浓浓的历史文化氛围和悠久的历史，是克兰韦尔军学院的骄傲。

克兰韦尔小百科

　　1920年4月1日，克兰韦尔军学院正式成立了军乐队。军乐队的首任指挥哈福德，曾是英国国王警卫团第一营的乐队指挥。建立军乐队是为了支持学院的典礼活动，包括大量的晚餐会、日常的阅兵以及周日的教堂游行，这个惯例一直延续到20世纪60年代末。除了在学院的阅兵、庆典和晚会上演出，军乐队还走出校园进行公共演出，并成为在英国广播公司灌制唱片、通过广播进行播出的首支军乐队。

第三课　英国皇家空军的发展

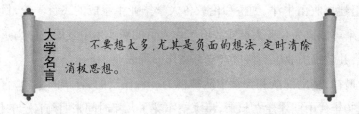

大学名言

　　不要想太多,尤其是负面的想法,定时清除消极思想。

　　第一次世界大战结束时，英国拥有世界上规模最庞大的空军，它由293532名官兵和22000架飞机组成，但是到了一年之后它就缩编成只有31500名官兵和371架飞机。当陆军和海军吸收飞机和飞行人员来重建它们自己的空中力量时，只有特伦查德爵士和他的军官们的决定才使空军免遭完全解散的命运。特伦查德很聪明地建立了一支由精英组成的小规模的空军部队，而空军以后的发展将围绕这个核心展开。因此，空军在建设训练设施上花了大力气，包括设在克伦威尔的皇家空军学校，以便训练那些能够长期服役的军官，这些人将是未来的指挥力量；而设在霍尔顿的技术训练学校则训练新加入空军的人员；中央飞行学校训练飞行教官，并负责制定各项标准。皇家空军从一开始就有一套深思熟虑的训练一支骨干力量的方案，个人在相对较短的时间内接受较为宽松的训练，与任何其他空军部队给予个人的训练相比较，这套措施都是出色的。

　　特伦查德并没有只在中队中安排长期服役的职业飞行员，他大量招

收那些被称为"短服役期"的军官,他们在皇家空军的正规军中服役的时间不会超过5年,随后他们还会接受预备役训练,以便当危机爆发时,经过简单快速的训练,他们原有的知识和技术就能获得更新,并重新开始执行任务。特伦查德还强调创建一支辅助的空军部队,让这支部队的一线飞行中队使用最近刚从正规军退役的飞机。辅助部队会以一些全职的正规部队为核心,但是它的主体是那些充满热情的兼职人员,其中有一些曾经是"短服役期"人员。

特伦查德预见到,这些辅助部队在危机爆发时能够提供具有相当高的主观能动性的补充力量,在第二次世界大战最初的几年中,辅助部队以自己的记录证明了他们的忠诚。此外,特伦查德还力争建立大学飞行中队,组建招收由牛津、剑桥和伦敦各大学毕业生组成的飞行学校,目的是在将来可能成为公务人员或政府工作人员的毕业生中发展空中力量的支持者,并鼓励毕业生们将皇家空军当作一种职业。

最初,辅助部队和大学中队被视为一种昂贵的、奢华的事物,直到20世纪30年代中期才建立起来。皇家空军花了几年时间来明确自己的任务,

它自己也随着需要面对的新的职责而不断发展。部队最初的职责主要是监督和执行欧洲大陆的停战和殖民地政策等,并且也是为完成这些职责而组建的。在最初的几年,国内的防御尤其被忽略,特别是在"为结束所有战争而进行的战争"后。第一次世界大战结束后,法国保留了大规模的轰炸机和战斗机(每种300架)部队,而皇家空军只有大约40架飞机构筑成国内防御力量,它们被编成3个中队,相比之下皇家空军的力量实在有些单薄。

1922年,决定做出,将成立一支伦敦空军部队,它由14个轰炸机中队和9个战斗机中队组成(大约有266架飞机),轰炸机占有如此高的比例,反映出特伦查德是正统的认为"进攻是最好的防御方式"学说的信奉者。1923年,政府接受了"用于国内防御的空军"应该扩充到52个中队的建议,可是保守党首相几乎立即委派埃里克·哥迪斯爵士负责削减国防开支的工作。受当时盛行的和平主义和裁军浪潮的影响,这是一项迎合公众口味的任务。政府提出一种"十年法则",推测德国会严格遵守《凡尔赛和约》的条款,因此,至少10年之内不会有爆发战争的危险。

1928年,在特伦查德能够开始重新实施他的扩建项目前,他还获得批准组建一支由394架轰炸机和204架战斗机组成的部队。尽管如此,这项计划却依然无法按照既定的时间表进行,要到1935年或1936年才可能实现,拉姆齐·麦克唐纳的第二次劳动力管理将计划延误(它为时间表添加了两年时间),随后,在1932年,由于"国联"召开的裁军会议达成"停止军备扩充"的共识,使这个计划被无限期推迟。

不过,与此同时,从1925年开始,现有的部队在大不列颠空军防御部队(ADGB)的构架下进行了认真的重组。在ADGB中,3个所谓的"轰炸区域"中又增加了一个"战斗区域",后者

【名人谈文化】

　　我不知道在别人看来,我是什么样的人;但在我自己看来,我不过就像一个在海滨玩耍的小孩,为不时发现比寻常更为光滑的一块卵石或比寻常更为美丽的一片贝壳而沾沾自喜,而对于展现在我面前的浩瀚的真理的海洋,却全然没有发现。

——牛顿

控制所有战斗机和战斗机机场。由于将主要威胁依然预设为来自法国，因此特伦查德建立了一条由战斗机机场组成的防御带，它们从威尔特郡的戴维斯一直延伸到剑桥，成曲线状围绕伦敦，而且基本上与海岸线平行。

这条防御带有8个24.1千米(15英里)宽的"分区"，每个分区部署一个战斗机中队，另外在伦敦的南部和东南部还有两个分区，每个分区部署两个战斗机中队。除了这些部署外，还有3个战斗机作战单位部署在沿海的机场，当敌机到达防御带之前以及撤离防御带时，这3个战斗机作战单位都会出击攻击敌人(与之相类似的是，轰炸机机场的设置也是为了应对英法之间发生战争的需要，将矛头指向法国，它们坐落在战斗机防御带后方的威尔特郡、汉普郡、波克郡和牛津郡)。战斗机除了使用持久的"分区机场"之外，还能够利用一些备用机场，这些紧急的着陆地点在被租借给农民前都已驱除障碍、压平并进行了适当的排水处理，在紧急时刻它们随时可以被皇家空军使用。

控制和报告系统的组建也被延误，这些系统最初依靠的是观察点、电话线路和声呐。除了引进雷达和无线电，使战斗机地带延伸、实力得到增强以外，这套系统与不列颠战役时的作战指挥部非常相似。在20世纪20

年代以及30年代早期预测法国是主要威胁，对英国来说是极为幸运和巧合的一个决定，因为后来德国空军正是从法国的机场发起不列颠战役攻势的。

1934年，随着"国联"的裁军会议分裂，部队的扩建计划又重新启动。英国武装部队的第一阶段扩军在1934年7月获得批准，被称为"A计划"。事实上，这项扩军计划只是希望给德国方面施加压力，仅仅是一些表面上的改变，花费在装备改良方面的经费很少。尽管在当时，德国自己的空军部队依然保持秘密状态，但是早就有人怀疑德国正在为进行某种规模的战争而开足马力。

英国新任的航空部部长菲利普爵士刚获得贵族的封号，成为斯温顿的领主，很快他就开始推行一项更庞大的扩军计划，目标是为皇家空军增加588架飞机和49个中队。这会使皇家空军的力量提升到共拥有122个中队（包括20个重型轰炸机中队、18个中型轰炸机中队、30个轻型轰炸机中队、35个战斗机中队和18个侦察机中队）和1512架飞机。菲利普爵士还开始敦促工业部门将和平时期的生产状态升级为战时生产状态。

训诫很少能够造成根本的改变，因此各种实际的措施也开始实施，以确保工业生产能力能够满足扩军的需要。1936年，"影子工厂"计划开始启动，这项计划旨在建立一些国有工厂，这些工厂的设备和管理都是以非航空工业的需求来进行的。它们出产飞机或引擎制造商设计的产品，产品通常都是在别的地方进行最后的装配时需要使用的零件或半成品。第一批"影子工厂"由汽车制造商负责运营，为布里斯托尔航空引擎生产部件。

纳菲尔德爵士的公司——沃尔斯利拒绝参与——除非它能够生产引擎整机，因此它没有被列入选择的范围内。不过后来这家公司获得授权控制捷豹生产厂，在维克斯超级航海公司的指导下生产"喷火"式战斗机的整机。

最终，纳菲尔德的机构被证明无法有效地运营捷豹生产厂，只有在将公司的控

【文化前沿】
把奇怪和神秘混为一谈是错误的，最最平常的犯罪往往却是最神秘莫测的，因为它没有奇特之处作为推理判断的依据。

制权转交到维克斯超级航海公司后——对于不列颠战役来说几乎已经太晚——才开始艰难地大量生产出"喷火"式战斗机,如果维克斯公司从一开始就获得该公司的控制权,那么在不列颠战役期间就会有更多的中队装备"喷火"式战斗机。然而,纳尔德并不是唯一存在问题的公司。比如,由普乔伊公司生产的第一批"喷火"式战斗机的机翼就无法与超级航海公司制造的机身相匹配。

20世纪30年代早期制定的计划,设计出了皇家空军的第一种战时的战斗机。这是根据对单翼飞机的需求而设计的,这种飞机具备承压表层和单体横造结构等优点,这些设计在施奈德奖评奖时,超级航海公司的海上飞机的胜出已经得到了证明,但是许多年长的航空部的军官都认为,封闭式座舱并不是一个好主意,而且还力争保住开放式座舱设计。

弹道学专家证明,在典型的交火中如果要在两秒钟内击落一架轰炸机,至少需要8挺机枪,这导致在"飓风"式和"喷火"式战斗机上必须使用8挺0.303英寸柯尔特勃朗宁机枪组的设计。研究者使用一架正在服役的轰炸机为目标,证明即使这样也可能不够,而且还希望证明,两秒钟的射击时间对于一般可能遭遇的情况来说还是显得有些长，但却没有进行必要的技术工作来证明，也没有一个人意识到实际上战斗机有配备数量更少但火力更强大的武器的需要（4门20毫米航炮也许是理想的选择）。

【文化前沿】

我们必须深入生活，只有如此才能获得新奇的效果和非同寻常的配合，而这本身比任何想象都有刺激性。

然而，相对于20世纪30年代在英国皇家空军服役的大多数前线战斗机装备的2挺机枪相比，使用8挺步枪口径的机枪已经是一种巨大的提高。1934年至1935年，皇家空军制定出战斗机的详细要求，需要配备光学瞄准器、飞行员使用的氧气设备、可收放的起落架等，其他性能还包括在4 572米高度飞行时达到442.6千米每小时的飞行速度，在7分半钟时间内爬升到6096米，升限达到10058米，着陆距离为229米等。

所有这些设计要求确保了扩军计划最终能够建立一支装备大量真正先进的飞机的空军部队（不像法国，在战争爆发时大批陈旧的飞机依然在服役）。当然，在1938年，皇家空军的战斗机部队依然在使用双翼飞机，它们根本无法追赶上德国部队新式的单翼轰炸机。不过到第二次世界大战爆发的时候，像"喷火"式和"飓风"式这样的战斗机，已经在部队中牢牢地占据了主导地位。

扩军的"F计划"在1936年2月获得批准，它将进一步增强皇家空军的前线力量，而且对于战斗机的重视程度也有所加强。与此同时，新任的空军总参谋长爱德华·艾灵顿爵士，也非常努力地确保他的部队是以质量而非单纯的数量为基础。与戈林完全不同（戈林根据与之亲近的程度来分派高层的职位），皇家空军在20世纪30年代后期的委任极其明智，其中包括在1936年任命休·道丁爵士成为新建立的战斗机指挥部的指挥官。战斗机指挥部建立之后，随着英国防空力量的发展，这个机构的重要性也在增加，尽管最高的优先权依然在轰炸机方面。

新的战斗机指挥部管辖两个地方性的飞行大队，第11飞行大队在南方，第12飞行大队在北方。从1939年10月开始，还成立了气球指挥部，负责

【文化前沿】

　　每个人都有一定的理想，这种理想决定着他的努力和判断的方向。就在这个意义上，我从来不把安逸和快乐看作生活目的的本身。

——爱因斯坦

管理所有阻塞气球，而早些时候在1939年4月建立的防空指挥部，则负责控制与协调探照灯和防空武器。到慕尼黑危机爆发时，战斗机指挥部已经发展到前所未有的规模，只是在它拥有的19个可以执行任务的战斗机中队中，只有3个装备了"飓风"式战斗机，而剩下的中队则使用各种已经服役了相当长时间的老式双翼飞机。有3个处于非行动状态的中队，正在用"飓风"式战斗机替换原先服役的机型，而驻扎在达克斯福特的第19中队，才刚接收到第一架"喷火"式战斗机。由于机枪舱没有供暖设备，因此"飓风"式战斗机的用处要比它们表现出来的小，为了防止武器冻结，它们的升限只有4572米。《慕尼黑协定》为皇家空军的急剧扩充带来了契机，以战争为立足点，皇家空军经历了彻底的改变。带有华丽的中队标志的银色战斗机匆匆地进行伪装，还开始使用不是很显眼的由两个字母组成的辨别码，执行常规飞行任务的飞机开始搭载武器。

　　皇家空军必须找到驾驶新飞机和提供后勤保障的人员，做到这一点依靠的是一方面征募更多的人以及提供更多"短服役期"的职位，另一方面延长那些即将退役的"短服役期"人员的服役时间。那些签署协议愿意延长服役期的人员自然拒绝成为预备队员，为了弥补预备队的人员不足，一个新的单位——志愿预备队成立了，一些预备队飞行学校为它的成员提供基础的飞行训练。

　　到战争爆发时，皇家空军的志愿预备队已经有

63000人，其中5000名飞行员接受过或正在接受飞行训练。1939年6月，女子辅助空军部队成立了，建立这支部队的目的是替换二线人员，以便解放出更多男性成为一线部队的地勤和飞行人员。1939年12月（对于不列颠战役来说太晚了，起不到什么作用），通过大英帝国空军训练计划使飞行训练学校的能力得到长足的提高，皇家空军设在加拿大、澳大利亚、新西兰、南非和南罗德西亚的飞行训练学校，为皇家空军及英国所属领地的空军提供基础的和高级的飞行训练。

英国飞行员与他们的德国对手之间的差距，也就是他们真正落后的地方是行动经验。有些皇家空军的飞行员确实参加过作战行动，但这些只是打击在阿拉伯制造叛乱的部落，或是在西北前线的行动——都是低强度的。这样的行动只需要出动皇家空军服役时间最长、最老式的飞机，不会为应对一场真正的现代战争提供任何发挥战术或武器的机会。

当战争爆发时，皇家空军的扩建项目已经到了开始收获的时候。5个"喷火"式中队已经可以或马上就可以投入战斗，还有11个可以参与行动的"飓风"式中队。战斗机指挥部事实上已经成为一支现代化的部队，尽管与道丁期望的数字还相差不少。道丁曾经计算过，认为要保卫这个国家，即便是对付德军没有战斗机护航的轰炸机部队，也至少需要52个中队。他要求的重型对空火炮（1264门）、探照灯（4700个）、用于低空防御的双管轻型对空火炮（300门），以及阻塞气球（仅伦敦就需要400个）的数量也没有做到。不过情况正在变得越来越好，而且至少政策方面已经完全为实施保卫英国的计划铺平了道路。

少数派空军准将约翰·斯莱塞是航空部的计划总监，他是一位睿智的、务实的谋划者。1940年，当不少高级军官和政治领导人受到局势影响时，他并没有感到绝望和悲观（或是毫无根据的乐观）。他做出的估计是：只要皇家海军和皇家空军联合起来，就能够抵御德国发起的任何登陆

【文化前沿】

天才是由于对事业的热爱而发展起来的，简直可以说天才，就其本质来论，只不过是对事业、对工作过程的热爱而已。

——高尔基

行动,但是如果没有皇家空军,仅靠皇家海军或许无法抵抗入侵。他还意识到,在敦刻尔克撤退后,英国陆军正处于虚弱的状态,可能无法阻止一场"大规模入侵"。这就使是否能够在德国部队登陆并发动攻击前在海上就将他们击败变得至关重要, 或者能够使德军发起登陆行动的前提条件不存在。这让皇家空军处于一个非常重要的位置,因为要抵御入侵,首先必须阻止德国空军获得制空权。在这么明确的分析之下,皇家空军战斗机指挥部的重要性变得显而易见。

5月10日,德国开始发动对低地国家的攻势,在之后的3个星期内,皇家空军在西欧上空损失了509架战斗机(共损失959架飞机)。这个令人感到震惊的数字包括67架"喷火"式战斗机和386架"飓风"式战斗机。到6月5日,战斗机指挥部只剩下331架单引擎战斗机,仅在敦刻尔克上空就已经损失了106架战斗机,这次撤退还使皇家空军的80多名飞行员阵亡。到6月底,共有435名飞行员阵亡、失踪和被俘。派往法国的、从那里的机场起飞执行任务的261架"飓风"式战斗机中只有66架返回,而且还有很多损伤过于严重,以至于直接被拆解。

在法国进行的激烈的空战中（事实上特别激烈的空战是在挪威进行的）,虽然战斗机指挥部的消耗极其严重,但在与经验丰富的德国空军飞行员的交手中,战斗机指挥部的下属部队的表现好得令人吃惊,在法国上空的战斗中,皇家空军共击落247架梅塞施密特Bf109、Bf108和Bf110战斗机。

随着战争的持续,战斗机指挥部的大部分飞行员在不断积累战斗经验,机构也逐渐变得更加有效。以在敦刻尔克上空进行的战斗为例,皇家空军的战斗机飞行员共摧毁166架敌军飞机(声称击落217架),而自己的损失是131架飞机和87名飞行员。虽然失去了一些在和平时期最富经验的军官,可是相对的大量中层和初级飞行员(在不列颠战役中成为分区、机群和中队指挥官)开始谱写他们自己的纪录,并获得无价的战斗经验,理解如何运用战术并增加信心。更为重要的是,在法国上空艰难获得的战斗知识开始显现空战战术方面的不足,这推动指挥部在不列颠战役初期就接受改变。而当法国沦陷,英国皇家空军自己也在承受挫折带来的阵痛的同时,德国部队战无不胜的神话也被打破了。

从很多方面来看,法国的沦陷是悄悄地受到欢迎的,因为在英国有一种普遍存在的感觉:法国使英国一次又一次挫败。这种态度直达英国社会的最高层。英国国王表示:"对于失去一个既要尊重又要纵容的盟友,我个人的感受是高兴。"而丘吉尔也很乐意看到这个事实——因为现在英国的命运掌握在自己手中。道丁——这位战斗机指挥部的总指挥官对于法国显得更加轻蔑,对于这个国家从战争中出局他感觉如释重负,后来他说:"我屈膝下跪,感谢上帝!"

5月14日,丘吉尔成为首相,随即建立飞机生产部并任命精力充沛的比弗布鲁克勋爵进行管理。战前建设的"影子工厂"也开始运作。纳菲尔德经营的捷豹依然没有生产出一架"喷火"式战斗机,因此,这个机构的管理权被转交给维克斯的超级航海公司,这一转变产生的效果是令人吃惊的,到9月30日,它已经生产出125架"喷火"式MkⅡ型战斗机。

6月至10月,英国每个月的战斗机生产总数分别为446架、496架、476架、467

> 【文化前沿】
>
> 只有经过长时间完成其发展的艰苦工作,并长期埋头沉浸于其中的任务,方可望有所成就。
>
> ——黑格尔

架和469架，共计2354架。在战役开始的时候，养护单位拥有222架"飓风"式和119架"喷火"式战斗机作为储备，这些飞机用来补充消耗掉的部分和装备新组建的作战单位，而即使在储备处于最低谷的时候，也至少保留着78架"飓风"式战斗机和38架"喷火"式战斗机(相当于9个中队)。与之相对的是，德国工业从6月到10月制造的飞机数量分别为14架、220架、173架、218架和144架——总共只有919架飞机。

英国除了能够快速地生产出新的战斗机之外，维修部门也付出了巨大努力，让受损的飞机尽快得到修复并回到战场。在不列颠战役期间，送往前线作战中队进行替换的飞机中，有35%是经过维修而不是新生产的；有60%在基地被认为无法修复的飞机在复兴的民间维修机构进行了复原，并重新飞行。到7月中旬时，英国每周可以修复飞机160架，从7月到12月共向前线输送飞机4196架。有的时候，飞机的维修遵循"立等可取"的方式，在战斗中受损的"飓风"飞进维修厂，立即就能得到维修，使飞行员当天就能够及时地用它再次飞行。更换一架"飓风"式战斗机两侧的机翼并安装8挺机枪的时间记录是1小时55分钟。

战斗机指挥部从来也没有飞机短缺的危险，而位于英吉利海峡另一边的对手则需要面对这种紧迫的局面，而且英国还避免了受到燃料、油料或弹药短缺的影响。英国甚至还成功地定期从美国运来辛烷航空燃料(很快发现这种高辛烷燃料的功效超过了绝大多数英国炼油厂出产的产品)，它使战斗机指挥部安装了"隼"式引擎的战斗机。到1940年3月时，转而使用效率更高、表现

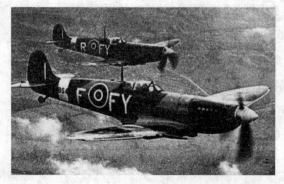

更出色的燃油。虽然使用量非常大,但整个不列颠战役期间,燃油的储备却依然在稳步地增加。

因此,对皇家空军来说,飞机的可用性并不是一个问题,倒是找到驾驶它们的飞行员有的时候会遇到困难。在不列颠战役期间,有大约3000名飞行人员参战,他们之中相对只有很少一部分人是常备部队的成员,以及和平时期战斗机指挥部的成员,即使已经经历了20世纪30年代后期飞行员数量的大规模扩充,飞行员的数量仍然不足。超过1700名"短服役期"人员获得任命,另外还有800名新征召的NCO(士官)飞行员已经接受过训练。飞行训练学校的数量从6家增加到11家。陆军联合指挥部和海岸指挥部下属的最出色的战斗机飞行员被调往战斗机指挥部,以保持飞行中队的人员数量;调往战斗机指挥部的还有从轰炸指挥部挑选出来的飞行员。和平时期的辅助部队也起到了重要作用,特别是在战役开始时。

飞行员短缺的问题还促使45名接受过部分训练或正在接受训练的皇家海军的飞行员调往战斗机指挥部,从1940年6月6日开始驾驶装备8挺机枪的战斗机。6月底又有30名飞行员从海军调了过来,不过后来有10个人因为要执行地中海的任务而被召回。那些留下来的飞行员在战斗机指挥部下属的部队中散布开来,有几个甚至成为王牌飞行员。

随后部队还得到海外志愿者的支援,他们挑选自帝国在海外的领地,也有来自欧洲被占领国家的飞行员,甚至还有美国的飞行员。从数量上来说,最重要的是波兰飞行员,共有147人加入皇家空军,有些人刚获得飞行员资格缺乏经验,而有些人的作战经验则相当丰富。1939年时他们就与德国空军作战,波兰沦陷后他们又编成波兰部队加入法国空军继续飞行和战斗。那个时候成立了两个波兰中队,波兰飞行员中很少有会说英语的,对于先进的飞机的驾驶经验也相当少,大部分人在战役的后期才加入战斗。但是他们都很勇敢而且坚定,很快他们就作为令人生畏的战斗机飞行员和出色的射击手而赢得声誉。

到11月时,波兰的第303中队在不列颠战役期间击落的敌机数量已经超过皇家空军的任何一个中队。而到了1941年,在战斗机指挥部下属部队击落敌机的竞争中,波兰中队排在前三位,数量分别是808架、432架和193架,而战绩最好的"英国"中队则排在第四位,成绩是150架。

除了波兰中队以外,还有第101新西兰中队、第94加拿大中队、第87捷克中队、第29比利时中队、第22澳大利亚中队、第14法国中队、第10爱尔兰中队、第7美国中队和分别来自巴勒斯坦、牙买加和纽芬兰的各一名飞行员。加拿大飞行员中还包括许多完成了全部训练的加拿大皇家空军的军官,即使在战役开始前,他们就已经能够组成一支临战状态的"飓风"式中队(第242中队)。

公众曾经对于"少数派"的看法是：他们是一群由英国的公立学校管理的男生，刚刚10多岁，他们中的多数是来自澳大利亚和帝国其他领地的冒险者。战役的记录列表是"少数派"作为一个整体的全面展示，而且当然与皇家空军飞行员过分单纯化的形象相矛盾。在击落敌机排名最前列的飞行员中，有8名飞行员，整整四分之一是军士军衔，另外还有2名飞行员是从这个军衔获得的晋升。

在这10名军士中有5名飞行员曾经是霍尔顿学校的学员，有2名飞行员来自于低级别的皇家空军预备役部队，只有3名是正式获得委任的飞行员。在剩下来的顶级飞行员中，有6名经证实来自辅助部队（他们的地位经常被认为比较特殊），他们这6个人中曾经有一位当过泥瓦匠的学徒工。剩下的顶级飞行员多数从学校或大学毕业后就成为"短服役期"人员，只有两个人毕业于名牌学校。

在战争的初期阶段，顶级飞行员中非英国籍的人数并不多。唯一一位击落超过8架敌机的美国飞行员事实上是在一所英国学校接受的教育，随后成为一名辅助部队的飞行员。顶级飞行员中包括2名新西兰飞行员、1名澳大利亚飞行员（他是英国人，父母移民澳大利亚，他刚到澳大利亚就赶回了英国）、1名南非飞行员、1名捷克飞行员和1名波兰飞行员。纽澳地区和加拿大的飞行员在后来的战争中做出了巨大的贡献，但相对于整场不列颠战役来说，这些飞行员仍然只占少数。

在不列颠战役期间，战斗机指挥部的飞行员和他们的德国空军对手之间，最大的不同也许就是作战经验上的不可比性。虽然在战役进行过程中相对来说，有大量飞行员在法国和英吉利海峡上空作战，但是许多最富于经验的飞行员已经从前线撤回进行休息，或者作为教官将自己的经验传授给别人。而且，只有少数战斗机指挥部的飞行员的作战经验，可以追溯到在法国进行的战役之前。

【文化前沿】

每天不浪费或不虚度或不空抛的那一点点时间，即使只有五六分钟，如得正用，也一样可以有很大的成就。游手好闲惯了，就是有聪明才智，也不会有所作为。

——雷曼

　　当然也有例外,这包括一些波兰飞行员,以及至少1名战斗机指挥部下属(比利时飞行员)的飞行员,在西班牙内战中同"兀鹰"军团有过交手。与之相反的是,只有少数德国空军的战斗机大队中,没有安排拥有西班牙战争作战经验的老兵,大量飞行员在波兰的战争中培养了战斗技巧,而数量更多的飞行员则参与了在法国进行的战争。

　　电影和宣传照片常常将皇家空军的飞行员描绘成英俊、健康的青年。人们普遍认为的刚出学校的青年的形象与实际情况并不是很相符。皇家空军顶级的年龄跨度从22岁到32岁,大部分人超过26岁。他们一般都很健康,但并非所有皇家空军的飞行员都长相俊朗。

　　他们的童年正好是20世纪20年代,那是非常艰苦的岁月,因此有些人的牙齿很糟糕,而且由于营养不良,有些人身材矮小。由于面临急需飞行员的压力,医疗检查并不会总是淘汰那些身体素质不符合和平时期要求的人。如果不是因为战争,失去双腿的道格拉斯·巴德可能永远都无法回到机舱,而美国的"矮子"卡奥——身高只有1.46米,也不可能驾驶一架"喷火"式战斗机(他需要额外增加两个坐垫)。"袋熊"克里斯托弗·伍兹·斯凯文(第43中队的一名王牌飞行员)以"狡诈"的方式进入皇家空军,因为他的视力差得吓人。为了通过体检,他背熟了视力表,而为了飞行,他制作了特殊的护目镜。

在入侵法国之前，从德国境内的机场到英国的距离，意味着德国能够造成的威胁之一是从荷兰和比利时起飞的没有战斗机护航的轰炸机飞越北海袭击英国。针对这种威胁，道丁经过仔细计算，认为英国需要52个中队进行防御，而他只能无助地看着在法国进行的战斗而将他的指挥部下属的作战力量削减到36个中队。随着德国入侵法国，英国面临的威胁来自德国、荷兰、比利时、法国甚至挪威的机场，而且相对而言，英国东南部相当大范围的地区，已经进入德国单引擎的梅塞施密特Bf109战斗机的行动范围内。为了应对不断扩大的威胁，战斗机指挥部需要变得更强大。幸运的是，法国沦陷后，部队在4个飞行大队之间进行的扩充和重新装备，使作战指挥部的力量在7月初达到58个中队。

有些人认为，道丁应该将他最好的战斗机集中在第11飞行大队驻防的区域（覆盖了东南部地区），而将"布伦海姆"和"无畏"式留在北部，它们可以（这是一种简单的推测）对付没有战斗机护航的轰炸机。而事实上，道丁分散了他的资源，将12个"飓风"式中队、6个"喷火"式中队和4个"布伦海姆"中队，分配给第11飞行大队；5个"飓风"式中队、5个"喷火"式中队、2个"布伦海姆"中队和1个"无畏"队，分配给位于英国东部的第12飞行大队；3个"飓风"式中队、6个"喷火"式"中"队、1个"布伦海姆"中队和1个"无畏"式中队，分配给北部的第13飞行大队。新组建的第10飞行大队的行动区域覆盖了英国的西部，配备了包括2个"喷火"式中队和2个"飓风"式中队。这就是"前线"的作战单位，另外每个飞行大队还有几个中队，正在成为能够参与行动的作战单位。

道丁预计即将到来的不列颠战役将会成为一场持久战，他的目的是在危险系数相对较低的地区，保留一些由多个作战单位和多种类型飞机组成的预备队，当第11飞行大队下属的中队消耗殆尽时，可以及时地予以增援。第11飞行大队是规模最大的一个飞行大队，它拥有皇家空

【文化前沿】

　　人们常觉得准备的阶段是在浪费时间，只有当真正机会来临，而自己没有能力把握的时候，才能觉悟自己平时没有准备才是浪费了时间。

——罗曼·罗兰

军几乎一半的单人座战斗机作战单位。幸运的是，这个飞行大队还配备了设备精良的机场，都是20世纪20年代遗留下来的设施，当时法国被当作和德国一样的潜在的敌人，因此大不列颠在和平时期将许多战斗机中队部署在英国东南部地区。这使皇家空军为应对从法国机场发动的袭击做好了充分的准备工作。

当战役开始后，战斗机指挥部因此而具有相当出色的组织结构，而且事实上多数中队的人员都超过了正常的配置，常常有20名可以参与行动的飞行员登记在册（在和平时期的正常建制是每个中队配备18名飞行员，其中还包括几名正在接受训练的年轻飞行员）。

不过，一旦战役开始，飞行员的补充就变得更加困难。值得指出的是，从1939年下半年到1940年上半年，有数以千计的正在接受训练的飞行员（他们中的许多人根据飞行日志的记录已经拥有相当多的飞行时间），由于持续的训练飞机的短缺而转到其他领域。相对于一些在战役初期被击落的德国空军年轻的前线飞行员来说，这些不得不离开这个体系的极具潜力的飞行员此前累积的飞行时间更长，多人的经验甚至超过皇家空军自己的候补飞行员。

皇家空军有不少候补飞行员只有10个小时的基础飞行经历就被派往前线中队，根本就没有完成行动训练单位的全部课程。丘吉尔的首席技术

顾问弗雷德里克·林德曼（后来是查维尔），不得不将飞行员训练课程从原先的为期6个月削减到只有4个星期，并让中队对学员进行最后的培训。其结果就是作战指挥部开始得到那些还没有掌握新型单翼战斗机的候补飞行员，他们

在视线极差或夜间飞行时在导航或射击等方面几乎没有得到任何训练。

与不列颠战役密不可分的一点是，多数成功跳伞的飞行员都能够很快回到他们自己的作战单位，因为多数跳伞者落在友邻或靠近海岸线的地区。当然那些没有严重烧伤或是受其他伤的成功将飞机降落在地面的飞行员，能够很快再次起飞。而那些在海峡上空跳伞的飞行员的命运就不同了。由于英国的救援工作在协调和统一性上相当欠缺，有许多在跳伞后依然活着的飞行员在被救起之前，就不幸暴露在德军的火力之下或溺水而亡。而德国空军在救援被击落的飞行员方面，则做得非常出色(他们一般配备了小舢板和染过色的标志，而且救生夹克的性能也很好)，即使是落在靠近英国的水域，他们拥有的一个有效的、装备精良的搜索和救援机构，也会尽力帮助这些飞行员。

> **【人生感悟】**
>
> 有些机会因瞬间的犹豫擦肩而过，有些缘分因一时的任性滑落指间。许多感情疏远淡漠，无力挽回，只源于一念之差；许多感谢羞于表达，深埋心底，成为一生之憾。所以，当你举棋不定时，不妨问问自己，这么做，将来会后悔吗？请用今天的努力让明天没有遗憾。

少数派中的少数

在不列颠战役中，年轻的飞行员以及他们为自己的飞机所起的时髦的、美丽的或容易唤起人们思绪的名称，抓住了公众的想象力。对于前线飞行员来说同样重要的(甚至更为重要的)是他们的领导者。这些人一般不像他们的下属那样多姿多彩，但是他们的个性和智慧却在很大程度上影响着不列颠战役的结果。以德国空军为例：由于其最高指挥层能力的缺陷，因此影响了整支部队的作战表现。相反，正是战斗机指挥部总指挥官的智慧和第11飞行大队的出色表现，增加了皇家空军获得最终胜利的可能性。

空军中将休·道丁爵士一直被认为是一个"乏味

的人"，他个性复杂而又矛盾，当时他所做出的功绩并没有得到世人正确的认识，不列颠战役结束后不久他就退役了。道丁从来也不是一个容易相处的、讨人喜欢的人，他性格腼腆、与众不同，还有些固执，而且有时候还有些粗鲁，使人们与他相处变得比较困难。

正如皇家空军多数高级军官那样，参加过第一次世界大战的道丁即将走到职业生涯的尽头。事实上，道丁曾经是一名陆军军官（一名炮长），32岁时他取得了飞行员资格（违背了他父亲明令禁止的事），并被征召入RFC（皇家空军的前身）指挥一个中队，1918年他晋升为准将。1916年，他曾被特伦查德解职，"情绪低落的吉米由于害怕更多伤亡而变得迷茫"，这一明确的批评表明他与高级军官间的关系处理得很困难，以及对于自己的下属非常关心——这两个显著不同的特点在他整个职业生涯期间始终并存。

到了20世纪30年代末，道丁已经是英国皇家空军中将当中级别最高的军官，正因为如此，1937年2月当他没有按照预料的那样作为爱德华·艾灵顿的继任者成为空军总参谋长（CAS）时，他显得极度失望，这个职务由更年轻的希里尔·内沃尔担任。

在20世纪30年代早期，道丁已经成为物资与研究部的成员，负责空军方面的事务，他获得授权进行首次雷达试验，并怀着巨大的兴趣看着由雷达和无线电控制战斗机的技术发展。在这方面他与艾灵顿（从1933年开始担任CAS）有相当多的共识。1936年，艾灵顿委任他成为新组建的战斗机指挥部的总指挥官。

【人生感悟】

如果能够用享受寂寞的态度来考虑事情，在寂寞的沉淀中反省自己的人生，真实地面对自己，就可以在生活中找到更广阔的天空，包括对理想的坚持、对生命的热爱和一些生活的感悟。

20世纪30年代，在皇家空军中轰炸机占主导地位，对于像道丁这种级别和经验的人来说，这远不是一份顶级的差使。空军参谋部的其他人把战斗机看作是向那些惧怕轰炸机的人提供的一个聊以自慰的舒适的所在。战斗机一直接受所谓的大不列颠防空部队的指挥,而事实上它已经成为一支以轰炸机为主体的部队。

不论是艾灵顿还是道丁都不是特伦查德的轰炸机理论的继承者,道丁第一次怀着巨大的热情组建一支为不列颠群岛提供防御的合适的、协调良好的战斗机部队。随着一系列扩军计划的开展,皇家空军的预算直线飙升（从1934年的175万英镑、1935年的276万英镑、1936年的507万英镑、1937年的565万英镑到1938年最终的735万英镑）,道丁努力地为战斗机指挥部争取到有用的份额。

1939年9月,他声称最好的防御是一支令人生畏的战斗机部队。如果我们的战斗机力量足够强大,我们就不会遭到大规模攻击,只有有限的力量时才会招致攻击。至关重要的是,他将国家划分成4个地理上的区域,并开始创建后来赢得不列颠战役的指挥和控制系统。他争取到了地下指挥室,还为他的新型单翼战斗机安装防弹玻璃,并建设水泥跑道。

对于战斗机指挥部来说,道丁是一位伟大的指挥官,只是他的视野狭隘,而且对于其他指挥部的需要往往不屑一顾,这使他的朋友屈指可数。他的性格很内向,缺乏幽默感,甚至有时可能粗鲁而又具有攻击性。例如,在1939年的防空演习期间,他告诉特拉福德·利·马洛里爵士（飞行大队的指挥官）:"利·马洛里,你的麻烦是有的时候你最多只能看到鼻子底下的东西。"

当阿瑟·哈里斯(后来成为轰炸机指挥部的总指挥官)被任命为道丁的高级参谋时,他汇报说道丁倔得跟一头驴似的,不过确实是一个很棒的老男孩儿。事实上,道丁是一个不太适合团队工作的人,经常被当作一个带刺的行为古怪的独行者。

随着不列颠战役

【人生感悟】

有很多错过,是一种遗憾。有很多错过,是不情愿。有很多错过,是偶然。被我错过的朋友是最大的损失。被我错过的友谊永远是难忘的伤感。

的日益临近,令人感到难以置信的是,那些官僚主义者尽他们所能地将道丁的注意力从正在从事的工作上转移走。最初道丁得到保证能够服役到他年满60岁(1942年),不过1938年8月,这项保证被废除了,他被告知1939年6月他就将退休。后来他的服役期被延长到1940年3月31日,3月30日,他得到消息可以最终留到7月14日,但又没有告诉他将工作移交给什么人。7月5日,他被要求留下来直到10月。道丁接受了这些,但他也对这种无礼的决定不断地抱怨。

这种工作上的不稳定感在法国的战斗期间达到了顶点,他积极地争辩试图避免将宝贵的战斗机浪费在法国。历史证明他持有的反对意见是相当有道理的,但是在当时,他的见解并没有被广泛地接受,而且空军总参谋部那些态度犹豫或不同意他的意见的成员,公开地对他表现出蔑视的态度。为了反对将战斗机派往法国,他甚至站到了与首相对立的位置上,因为丘吉尔已经答应向法国提供援助。也许是这种行为让人感到非常

吃惊,它最终帮助道丁赢得了丘吉尔的支持。7月10日,当那个争论不休的退休时间向后推迟时,丘吉尔写信给空军总参谋部,称道丁是你们拥有的最好的指挥官之一。只要战争持续下去,他就必须继续待在自己的岗位上。丘吉尔甚至建议:道丁非常能干,或许可以取代内沃尔成为空军总参谋长。不幸的是,这种支持注定是短命的,或许根本就是权宜之计。

随着不列颠战役继续进行,道丁的星光开始变得暗淡。空军副总参谋长——空军少将肖尔托·道格拉斯以及道丁自己的下属特拉福德·利·马洛里,无情地表示了对道丁的不信任,并策动解除他的职务。从某种程度上来说这是道丁自己的错误,因为很明显的是,在战争期间他没有能够解决好他下属的两个飞行大队的指挥官(利·马洛里和帕克)之间的隔阂,这直接使他招致领导能力差的指责。

他的境遇艰难还因为他缺乏那种外露的信心,这是丘吉尔不喜欢在他的下属身上看到的,确切地说就是这种不同的悲观主义让首相无法容忍。虽然道丁是一个"灰色的男人",不过他工作努力而且精力充沛,除了个别例外,他对于任用方面的判断力非常出色,他任用了许多极富能力的下属,他很愿意也能够让他们来代表自己。

不走运的是,相对来说是一些琐碎的、与工作并没有太大关系的事情交织在一起,导致了道丁不幸离职,而他为数相当少的盟友也没有能力提供帮助。他与比弗布鲁克的关系一直很好,他们都不喜欢"航空部长和那些血腥的空军中将",同时他们相互间又都非常尊重。道丁感激比弗布鲁克创建的生产和维修机构,作为回报他愿意放弃宝贵的"喷火"式战斗机,按照比弗布鲁克的要求,让它们执行侦察任务。

可是,比弗布鲁克自己也承受着许多压力,而且他的雄心和不断增加的权力也招致别人的怨恨,甚至被认为是丘吉尔的潜在竞争对手。到不列颠战役结束时,他没有能力为拯救道丁而做任何事。弗雷德里克·派尔爵

> **【人生感悟】**
>
> 要是没有独立思考和独立判断的有创造能力的个人,社会的向上发展就不可想象。
>
> ——爱因斯坦

士（防空部队的指挥官，道丁为数很少的朋友之一）这样总结道丁：
"一个难相处的人，一个固执己见的人，不过也是一个最坚定的、没有一
个人能在空战领域各个方面比他了解更多的人。"最终，他的能力没能
保住道丁。

到不列颠战役结束时，相当明显的是，正是道丁对于资源细致的管理
使英国赢得了战役。他一直很担心介入任何在日德兰半岛进行的空降行
动，因为那可能完全摧毁他的部队，而且他花了很大精力确保有足够的后
备力量时刻准备着，对在前线的第11飞行大队下属的中队，随着德国进攻
的冲击而筋疲力尽时进行补充。回顾不列颠战役，道丁的策略不可否认是
正确的，但这也招致了利·马洛里的愤恨，他极度怨恨道丁迫使自己不得
不执行那些其实是至关重要的任务。其他的第12飞行大队的人员则觉得
是道丁允许帕克去为一场"第11飞行大队的战役"而战斗，而这原本应该
是一场"战斗机指挥部的战役"，他们深深地误解了道丁，道丁这样做是为
了让有限的部队介入，保存力量从而赢得一场会变成持久战的战役。这些
人中就包括极具个人魅力的第242中队的指挥官道格拉斯·巴德，他的助
手是一位议会的成员，很容易找到首相，因此他能够将第12飞行大队的抱
怨直接传达到丘吉尔那里。

道丁那谨慎的、不引人注目的战略也没能够说服丘吉尔。首相是一位

门外汉（他的军事方面
的知识早就过时了），
欣赏的是大胆的、华美
的作战方式。除了他那
华丽的强有力的辞藻，
丘吉尔从来都没有只将
不列颠战役当作一次防
御行动，他认为行动需
要使用这个国家能够聚
集起来的所有力量，并

且他希望能够对敌人发起反击行动。甚至当战役进行到最激烈的时候,丘吉尔更感兴趣的,是皇家空军是否能够发起一场大规模的轰炸战役。但道丁意识到,有必要击败夜间"闪击战"(AI雷达和更多"漂亮战士"战斗机),他非常务实,不愿意仅仅为了作秀而采用效果较差的方式,但是这却没有让他取得那些希望有些事能够"被看到被执行"的人的欢心。

实际上,道丁反对在夜间广泛地使用"飓风"式战斗机,他担心使用单引擎夜间战斗机的收获会很小,而且还可能以付出宝贵的人员方面的损失为代价。可是他的反对意见却被当作证据展现在他的竞争对手面前,以证明他缺乏必要的维系下一阶段(进攻)战事的魄力。

虽然他与高层的关系一般,可是他的反对者却并有没有被限制触及皇家空军的更高层。一份匿名的文件送到了保守党的下议院议员手中,指责道丁"不够睿智,头脑的反应非常慢",并将战斗机指挥部描述成一场"一个人的表演"。有些人怀疑这份文件源自于唐宁街。

马科斯·黑斯廷斯评论道:"丘吉尔对于那些他认为在战争中没有尽全力的人员的态度显得相当粗鲁",而道丁"就像韦维尔,是首相最无情的牺牲者"。永远都无法知道丘吉尔是否为了让道丁离职而表过态,但可以确定的是,对于肖尔托·道格拉斯和利·马洛里施加的压力,丘吉尔没有表示丝毫反对。

1940年11月17日,道丁被解职,由肖尔托·道格拉斯继任。道丁(根据某些消息来源)接到通知在24小时内要腾出他的办公室,并被生硬地告知"航空委员会没有其他的工作给你"。

事实上,道丁开始接手一项对美国来说至关重要的任务,后来还在航空部工作,并最终于1942年退休。可是,这对于一个构建了胜利的人来说是极不公正的待遇。遭到同样不幸命运的还有他最重要的也是最具有天分的指挥官基斯·帕克。12月,帕克被转调到训练指挥部(利·马洛里接手第

【名人语录】

　　一个人就好像是一个分数,他的实际才能好比分子,而他对自己的估价好比分母。分母愈大则分数的值愈小。

　　　　　　　　——托尔斯泰

11飞行大队的指挥权），他只能看着利·马洛里飞速升迁。过了很久，帕克这样评论："到我死的那天，我都会痛恨将道丁和我赶走的卑劣的阴谋，就在我们刚刚赢得了不列颠战役之后。"

控制、指导和侦察

每个学生都知道，雷达是使皇家空军赢得不列颠战役的决定性因素之一，这一点相当正确。不过"雷达"这个名称直到1943年才开始使用，常常被人遗忘的是德国事实上也部署了雷达，而且德国的雷达或许比英国的更加先进。英国的雷达（不确切地、易混淆地被称为"无线电方向探测仪"）简单而且粗糙，但事实上它们很有效，足够稳定，经得起实际操作的考验。并且，英国的雷达被合理地整合进一个计划周密而有效的控制和报告系统。相反，德国的雷达只是被用来执行有限的海上侦察。德国的技术专家拒绝相信，英国的专家已经解决了雷达用于空中侦察时会遇到的问题，并推测英国只拥有用于海岸侦察的雷达，而且还设置了不合适的频率。

英国的控制和报告系统的根源，要追溯到1933年建立的战斗机地面控制系统，地面人员使用无线电话向飞行员传达指令，当他们超出了控制

器的范围时,则使用高频无线电定向(HFDF)方式开展工作。到1935年,这套改良的系统已经能够在夜间有效地指导战斗机抵达轰炸目标的云层上方。

到了1936年,战斗机指挥部正在试验利用雷达控制进行的拦截,雷达提供目标位置(由操控员注意到的"来路不明"的目标),指导作战飞机进行拦截。三角函数和计算机无法提供最好的、最快的方式让战斗机实施拦截,因而发展出一套系统,经过专门训练的操控员根据他们自己的判断和积累起来的经验得出结论。他们很快就达到了93%的成功率。

雷达从1937年开始正式投入使用,HFDF被用来追踪友军的战斗机。每架飞机每分钟都会传输自己的DF信号14秒,采用同步的彩色编码钟,这些信号经过编码,可以让操控员知道它是从哪架飞机上发出的。这套系统被称为"尖叫",它简单而又非常可靠,它的绰号是"小公鸡",因此,如果一名飞行员在起飞的时候没有打开"尖叫"系统,操控员就可能会问:"你的小公鸡在喔喔叫吗?"

1939年10月,VHF(超高频)无线电方向探测仪开始使用(第66中队),并在1940年9月底取代了HFDF。使用HF或VHF无线电方向探测仪通过三点确定友军战斗机位置的方法,只是整个系统中的一个组成部分。

这套系统的其他方面包括侦察、定位和追踪目标,因为目标不会通过"尖叫"系统来暴露它的位置。最初声呐的使用被寄予很大期望,但后来证明它只有在特定的条件下才能够起作用,而且有效范围还不到8英里,也不能给出高度和距离的指示。在1934年的防空演习中发现,即使是古老的维克斯"弗吉尼亚"在2133米笨重地飞行时,声呐都很难对其信号进行拦截。

H.E.温佩斯先生是政府方面的技术研究总监,他被授予广泛的权力,为的是探求怎样使用技术才能够让战斗机变得更有效率。温佩斯非常严肃地对待这项任务,他立即找到了苏格兰的物理学家罗伯特·沃特森·沃特,询

【名人语录】

　昨天不能唤回来,明天还不确实,而能确有把握的就是今天。今日一天,当明日两天。

——耶曼逊

问生产出一种实用的以无线电波为基础的"死亡射线"的可行性。对科学家来说立刻就可以得出明确的答复，没有办法转换出足以对人或飞机造成伤害的射线，不过沃特森·沃特也指出无线电波用来探测目标的潜力。他询问航空部是否有兴趣了解目标飞机是如何反射传送出的无线电波从而被发现的。

蒂瑟德的委员会负责防空方面的科学调研，它被要求提交一份文件，而这份文件（题目是《通过无线电方式对飞机的侦测和定位》）在1935年2月12日递交给航空部。和许多伟大的发明一样，利用无线电侦测飞机最初也是因为一起偶然的事件而发现的。沃特森·沃特意识到，邮局的人抱怨经过的飞机可以干扰无线电信号，然后这些信号又反射回来重播一次。他得出结论：被传输的信号和随后被飞机反射回地面的信号间的时间差，可以通过阴极射线管表现出来，可以用来测量信号发射器和目标飞机之间的距离！

道丁——随后成为研究和发展部的航空方面的成员——对此极富热情，并在1935年2月26日组织了一次演示。演示中使用的是设在达文特里的BBC的短波发射器，和一架经过的汉德利·佩济公司的"海弗德"飞机。在地面的观察人员能够看见在监视器上出现了一个绿色的点，当飞机接近时，绿色的点开始缩小，随后又恢复了原样。就是根据这个有些模糊的演示，他们获得了1万英镑的经费，用来发展一套系统，使它具有实用性。

指定RDF(快速部署部队)找到它与HFDF之间的关联后，新型雷达的发展非常迅速。到7月时，雷达已经能够侦测到38英里距离内的飞机，并且能够追踪目标超过42英里。就在同一个月，科学家们正确地辨别出由3架霍克"雄鹿"飞机组成的编队接近它们的维斯特兰德"华莱士"目标飞机，到9月时，它们已经能够可靠地追踪58英里范围内的飞机。这已经能够满足武装部队的使用要求了，不过雷达在确定高度和具备的精确度方面，依然存

【名人语录】
　　重要的不是知识的数量，而是知识的质量。有些人知道得很多，但却不知道最有用的东西。
　　　　　　——托尔斯泰

在问题。有人建议从南安普顿到泰恩河建立一系列雷达站。1936年2月,第
一座雷达的天线组在奥弗尼斯竖立起来,而科学家们转而前往鲍德西,在
那里建立起锁链中的第一座雷达站,并成立了一所雷达训练学校。

首批5座雷达站分别位于鲍德西、坎纽顿、大布罗姆利、敦刻尔克和多
佛尔。1936年3月,一架"雄鹿"飞机在62英里外就被定位,而在9月,在鲍德
西举行了一年一度的防空演习。第一座雷达站于1937年夏季正式移交给
皇家空军,鲍德西的雷达站在5月移交,多佛尔的雷达站在7月移交,而坎
纽顿的雷达站在8月移交。

慕尼黑事件后,雷达站的建设开始加速,强制性收购土地并搭木质塔
楼。1938年,虽然雷达站已经可以开始使用,但官方依旧沿用"航空部试验
站"这个称谓,从1939年的耶稣受难节开始雷达站24小时实施监控。一系
列小的演习完善了系统,同时使操控人员得到了锻炼技术的机会,提高了
他们对于遇到大规模袭击时部队的判断能力。到了这个时候,雷达已经能
够提供有用的方位信息和高度方面的数据,它还与新的"转换器"(从本质
上来说是粗糙的电子计算器)连接在一起使用,得出距离和方位上的信
息,并显示在标准的格子地图上。皇家空军也正忙着在他们的飞机上安装

IFF（敌我识别）装置。它是一个小型的发射装置，安装它的飞机能够在雷达上显示出特殊的"点"，使雷达操控员能够区分出是己方的飞机还是敌人的飞机。1939年进行的防空演习为有效使用雷达站锁链提供了操练的机会，同时还进行了皇家空军同雷达站和观察站之间协调行动的探讨。

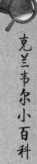

克兰韦尔小百科

　　克兰韦尔军学院按照实战的要求，设置各种战争环境，对学员开展自信冒险、指挥能力、求生越障等训练，使学员熟悉实战环境。还针对经常参加国外维和行动等实战情况，要求学员掌握几种语言。克兰韦尔军学院的多数学员都会两种以上的语言，以便战时在异国能够适应环境、处置复杂情况。

第四课　克兰韦尔名人榜——休·特伦查德 空军元帅

休·特伦查德是历史上最杰出的空军人物之一，他的眼界和行政才能在其领导皇家航空队和皇家空军时得到了最为充分的体现。有着"响雷"、"皇家空军之父"等称号的特伦查德不是一个学者或理论家，而是一个实干家和组织者，对皇家空军的参谋部和支援系统有着极大的贡献。他的工作对威廉·米切尔的空军理论有着重大影响。

个人简介

休·蒙塔古·特伦查德，特伦查德第一子爵（1873年2月3日至1956年2月10日）英国空军元帅，英国皇家空军之父。

特伦查德出生于英格兰萨默赛特郡的汤顿。1896年8月12日，特伦查德以中尉衔参加了

1899年至1902年的第二次英布战争,在战争中他失去了一个肺,而且脊骨也受到损害。1900年2月28日晋升为上尉,并在1902年8月22日成为少校。1903年作为南尼日利亚团指挥官,其间他和莎拉·霍金斯结合,婚后他们育有5个孩子。

1914年一战开始,特伦查德任皇家航空队司令,他的努力工作使他后来被誉为"皇家空军之父"。1915年6月3日特伦查德晋升为上校,担任国王的特别副官。1916年3月晋升为少将。1918年1月3日空军委员会成立,他被任命为空军参谋长,军衔从陆军少将转为空军少将,4月辞职。1919年2月,被新任空军大臣温斯顿·丘吉尔再次任命为空军总参谋长,直到1929年年底退役为止,同年8月1日晋升为空军中将,并随后被封为从男爵。1922年4月1日晋升为空军上将,1927年1月1日成为皇家空军的第一位元帅。1930年被封为男爵。1931年至1935年任伦敦警察局局长,1936年被封为子爵,开始涉足商界,担任联合非洲公司的董事长直到1953年。

1956年2月10日,休·蒙塔古·特伦查德以83岁高龄逝于伦敦。

职业生涯

休·蒙塔古·特伦查德1873年2月3日出生于萨默赛特郡的汤顿。他的双亲很希望他成为一名军人,但是特伦查德的军事生涯开始得并不顺利。他一开始想加入海军和进入伍利奇军事工程学院,但愿望未能实现。他转而试图成为民兵,但是在1891年和1892年的考试中均没能通过。1893年他终于在第三次考试中通过,得以进入英国军队。9月9日,他获得少尉军衔,开始在皇家苏格兰燧发枪手团第二营服役。

【名人语录】
　　只有不畏攀登的采药者,只有不怕巨浪的弄潮儿,才能登上高峰采得仙草,深入水底觅得骊珠。
　　　　　　　　——华罗庚

1912年,特伦查德少校回到英国家乡养病,在一个朋友的建议下,他于8月17日进入索普维斯的飞行学校,报名学习飞行。这时的特伦查德39岁,身高6英尺3英寸,被认为并不是一块飞行员的好料子。但是困难只让迷上了飞行的特伦查德更坚定地迈向成功，仅仅花了4天时间他就拿到了飞行执照。特伦查德被教师科普兰德·佩里认为是一个模范学生，拥有"绝佳的精神"。学校认为，虽然特伦查德的天生条件使他永远不可能成为一个优秀的飞行员，但是其冲劲和决心会让他获得更大的成功。特伦查德决定转入皇家陆军航空队，于10月1日成为学校的教官，真正开始了这位伟大空军先行者的职业生涯。第二年，他被指派担任位于威尔特郡的中央飞行学校的副校长。

1914年宣战后，特伦查德本来希望率领目前可用的4个中队赴法国参战，但是他于8月7日获颁中校军衔，接受了担任国内的皇家航空队司令的命令，负责驻扎在法恩巴罗并组建新的中队。随着战争的进展，特伦查德迎来了事业的高峰。他极富开拓精神，如果没有现成的惯例和原则可以利用，他就创造出自己的原则。特伦查德对部队的训练、装备和操作十分用心，使皇家航空队保持在当时很高的水准上。在工作中特伦查德逐渐理解了空中力量的重大潜力和战略意义，成为一个建立独立空军的热情鼓吹者。特伦查德的努力使他后来被誉为"皇家空军之父"，但是他本人从不承认这一点。而且，他的大嗓门和充满激情的个性还使他获得另外一个绰号——"响雷"。1915年6月3日，特伦查德晋升为上校，开始担

任国王的特别副官。

1915年8月25日,特伦查德转战法国,负责指挥第1空军联队。这时皇家航空队还只是陆军的一个分支,特伦查德的军衔也刚刚晋升到准将级别。特伦查德上任后十分活跃,采取了一系列主动的攻击行动以获得制空权,逐渐确立了优先夺取制空权的原则,这一原则很快成为标准的皇家航空队原则。但是特伦查德的进取精神也受到了一些人的批评,认为他在空战中没有必要地派遣大量的飞机并造成了过多的伤亡。1916年3月24日,他成为驻法皇家航空队的总指挥官,同时晋升少将。特伦查德不断探索空军在战争中的作用,鼓吹建立一支独立的空军力量,并认为空权正如海权、陆权一样,是国力的重要组成部分。

特伦查德强调,皇家航空队的作用在于其空中部队对地面部队提供足够的支持,获得了总司令道格拉斯·黑格的大加赞赏。1918年1月3日空军委员会成立时,他被任命为空军参谋长,并在这一年获封爵位。在这个职位上,特伦查德致力于建立独立的英国皇家空军,但因为和缺乏想象力的空军部长罗斯米尔发生了争执而在3个月后辞职。1918年6月,特伦查德被委任负责组建一支独立的跨国轰炸机部队,这是英国皇家空军的开端。特伦查德的军衔也相应地从陆军少将转为空军少将。作为战略空军的信徒,特伦查德集中了英国皇家空军的重型轰炸机,对德国的铁路和工业目标展开袭击。1918年10月26日,特伦查德成为联军空军部队的总指挥官。

1919年2月,特伦查德被新任空军大臣温斯顿·丘吉尔再次任命为空军总参谋长,负责建立战后空军。同年,特伦查德于8月1日晋升为空军中将并随后被封为从男爵。特伦查德为空军士官和参谋人员建立了一系列训练基地、空军学院和空军参谋学院,并创立了短期服役制度以便于当需求增加时,可以提供大量有经验的人员。在这些特伦查德的"小家伙"中,很多人成为了后来英国空军的中坚人物,在二战中发挥出重要作用。

【名人语录】

为明天做准备的最好方法就是集中你所有智慧、所有的热忱,把今天的工作做得尽善尽美,这就是你能应付未来的唯一方法。

特伦查德一直担任着皇家空军总参谋长直到1929年年底他退役为止，任上建立了进攻性空军的战略。任职期间，特伦查德于1922年4月1日晋升为空军上将，并在1927年1月1日成为皇家空军的第一位元帅。1930年他被封为男爵。翌年被任命为伦敦首都警察局局长，并担任此职直到1935年。在此期间他实行了包括在亨顿建立警察训练学院在内的一系列改革。

从陆地走向蓝色天空

在特伦查德成为空军的一员之前，还发生过一小段插曲：他曾两次在英国陆军的招募中落选，但是在20岁时得以侥幸过关，成为一名中尉并被派到印度服役。在1896年的一场马球比赛中，特伦查德遇到一位年轻的同行，他的这位同行就是后来担任英国海军大臣以及首相的温斯顿·丘吉尔。

早在年轻的时候，特伦查德就以藐视军事权威和远离陆军官僚而著称。他把热情全部注到打马球和研习战术上，对于繁琐优雅的社交活动则毫无兴趣。1900年9月，特伦查德在南非的布尔战争中首次参战，当时他率领手下的澳大利亚骑兵进入一个山谷追逐布尔骑手。特伦查德冲锋在前，带领一小队人马攻击布尔人防御所依托的农房。但是不幸的是，一颗子弹穿过了他的肺并擦伤了脊柱，这颗子弹使特伦查德彻底地退出了在非洲的战争。

特伦查德被当作残疾人送回英国，只有借助拐杖才能行走。在这期间，一位好心的赞助者捐助他到阿尔卑斯山的游览胜地圣·毛瑞斯疗养度假，特伦查德尝试着滑雪，没想到这项运动竟然使他奇迹般摆脱残疾。在一个滑雪的

【名人语录】

这世上的一切都借希望而完成，农夫不会剥下一粒玉米，如果他不曾希望它长成种粒；单身汉不会娶妻，如果他不曾希望有孩子；商人也不会去工作，如果他不曾希望因此而有收益。

上午，他在一个下坡的回转中由于速度过快而飞出了雪撬板，重重地摔在9米开外的坡上。然而，他的伤情不仅没有因此而加重，落地的震动反而刺激了他已经半瘫的脊柱，当他从雪地中站起来时，行走已经不再有任何障碍。

安德鲁·博伊尔在为特伦查德所写的传记《先知者：特伦查德》中，用一句话来描述这一切，"他用暴力治好了自己"。但是令人遗憾的是，特伦查德在陆军生涯里却仍然没有任何激情，伤愈之后，特伦查德又在尼日利亚、冰岛和爱尔兰等地服役了10年，39岁时他已经是一名少校，但是仍然默默无闻，看不到前途的所在。也就是在这个时候，特伦查德下定决心要学习飞行。

得知特伦查德要参加空军的消息之后，就连对他非常熟悉的指挥官也对他发出了警告。1912年年初组建的皇家飞行团不接受任何超过40岁的人，而特伦查德的身高看起来也没有达到标准。尽管被浇了一盆冷水，但是特伦查德并没有被吓倒，他休了两个星期的假来进行准备，并且自制了个人简历，13天后他去应试，进行了至关重要的1小时零4分钟的单独飞

行。特伦查德的应试表现被皇家海军具有两年飞行经验的亚瑟·隆格摩尔中尉评价为"质量不高"，但是幸运的是，特伦查德在新的飞行训练中心为自己找到了位置，那里空缺一名副官。

事实上，特伦查

德从来就没有成为一名优秀的飞行员。特伦查德生性乖戾,但是在陆军的多年磨练中,他也练就了听从的技巧以及对人性的敏锐的意识。起初,特伦查德的工作是为参加训练的人排定课程,强调纪律和技术,他还负责讲解诸如辨识地图、信号和发动机结构等方面的课程。在第一次世界大战爆发前两年,特伦查德的教程使相当数量的军官成为皇家飞行团的骨干,他也因为直爽和大嗓门而得到了"响雷"的绰号。

特伦查德是最早认识到空军将对陆战产生巨大冲击的人之一,对他产生重大启发的灵感来源于1912年的一次陆军演习。当时特伦查德和隆格摩尔乘坐一架飞机在空中作为观察者。不到一个小时,特伦查德就确定了敌方的位置,和隆格摩尔向司令部做出报告之后,他们再次出发去指引己方的骑兵队开始攻击。从这一刻起,特伦查德清楚地认识到,在空中侦察之下,没有任何军队能够秘密地展开机动。从1912年起,他也深信空军将会最终改变战争行为的一切。

一战中大显身手

作为一名富有创新精神的军事家,特伦查德应该说还是相当走运的,他得到了军方上层人物的支持。当时的战争部长霍雷肖·赫伯特·基钦纳和海军上将丘吉尔都相信空军的作用,特别是丘吉尔,但是对空军印象最深的人却是英国第一军司令道格拉斯·黑格将军,一战中他在法国打堑壕战,曾经与特伦查德共事的经历使他对空军产生了无限敬意。

1914年11月,特伦查德作为皇家飞行团3个作战联队的指挥官之一前往法国,通过对战争的观察,他认为飞行团的行动过于谨慎了,他相信空军不应该仅仅满足于完成常规的巡逻和侦察任务,夺取空中优势才是更加至关重要的。1915年1月初,特伦查德被黑格将军召去开会,他得知了3月份将对诺福查帕莱地区发动进攻的秘密计划,并且为空中部队争取到了一展身手的机会。

特伦查德认为,用莫尔斯电码和信号灯把射

> 【名人谈梦想】
> 梦想无论怎么模糊,它总潜伏在我们心底,使我们的心境永远得不到宁静,直到梦想成为事实。

【名人谈梦想】

梦是一种欲望，想是一种行动。梦想是梦与想的结晶。

击诸元传递给炮兵阵地是一种很不理想的途径，而早期的无线电通信也不是十分可靠。他在前线地图上向黑格说明了他的想法，并且征得了这位司令官的同意。"好吧，特伦查德，我希望你在发起攻击前能够告诉我飞行的可能性，"黑格信任地对他说，"我需要你们实施侦察并且为炮兵提供情报，如果因为天气原因无法飞行，我就将推迟进攻时间。"

1915年2月，特伦查德和手下的飞行员们迈出了创造空战历史的第一步。特伦查德鼓励飞行员们用照相机代替素描本，对德国的堑壕线进行侦察。特伦查德为黑格的地面指挥官提供了一组照片，显示了一所砖厂周围的德军防线。利用这些航空照片，英军在白天就轻松地夺取了这个砖厂，这在一战时期是一个了不起的成就。在此之后，黑格对于空军的作用更加刮目相看，他不仅要求飞行员详细绘制整个堑壕防线，而且要求他们从空中进行轰炸，以配合进攻发起前的炮火准备，他批准了一个将空中观察和轰炸有效结合的精心拟订的计划。

3月8日午夜，特伦查德被黑格召唤到司令部，黑格希望他在黎明时派

飞行员去侦察一下天气情况。尽管天空中总有一些低云,飞行员还是准时出发了,这可能是历史上第一次将空中支援与地面进攻直接联系起来。不幸的是,对诺福查帕莱的进攻没有取得成功,德国人重组了部队并击退了英军的攻击。黑格没有指责特伦查德的空中支援部队,但是严厉斥责了那些忽视空中情报的炮兵指挥官。

尽管特伦查德认识到当时的空中炸弹袭击太零散,在一些情况下根本不能成功,但是黑格将军仍然要求他在春季的进攻中提供空中侦察,并且轰炸敌人防线后方的目标。特伦查德于1915年8月成为驻法英国空军的司令官。一个月后,在卢斯战役中,特伦查德的飞行员首次在战役层面为地面指挥官提供了全面的空中支援。他们先是仔细绘制了敌人火力点的地图,为英军的重炮预先提供射击诸元。在此之后,为了实现黑格将军希望把卢斯的德军防线打开一个缺口的作战计划,特伦查德又派出所有的飞行中队,对铁路交通枢纽和其他重要目标进行了3天的连续轰炸,以迟滞德军的预备队赶去补防缺口。

卢斯战役

1915年9月25日,卢斯战役的地面进攻正式开始,飞行员再次为炮兵提供定位。此时的特伦查德对于空军的运用已经更加娴熟,他聪明地预留了一些飞行中队,并且随着战局的激烈变化,把它们派往最需要的地方。飞机要进行低空侦察,并且不断更新敌我部队的情报以供给炮兵使用,由于通信力量不足,特伦查德还让一些飞行员离开座舱加入到地面部队中去,以保证在战斗中与空中侦察飞机保持信号联系。

"侦察"、"近距离空中支援"、"空中联

络"，这些都是卢斯战役区别于以往任何一场战役的特征，而这些也都是特伦查德的天才般的创造。从整体上来说，卢斯作战是1915年英军发动的最为成功的进攻。至此，英国高级军事领导人认识到了空中支援的价值，而特伦查德也被晋升为将军。更为重要的是，根据英国远征部队司令部的记录，陆军元帅约翰·D.P.弗兰奇高度称赞了皇家飞行团的杰出表现，尤其指出空军对铁路的轰炸完全破坏了敌人的交通线。特伦查德现实而敏锐的洞察力在这里大放异彩，他使空中力量成为联合部队不可或缺的伙伴，尽管暂时还只是一个初级伙伴。接下来，他准备彻底地夺取空中优势。

1915年年底，技术先进和装备机枪的德国战机取得了西线的控制权，使皇家飞行团在11月和12月的损失大大增加。针对这一情况，特伦查德为他的飞行员制定了一条新规则：任何执行空中侦察任务的飞机都要至少有3架飞机护航，并且所有的飞机必须保持密集编队。编队飞行从此被广泛采用，成为各国空军日后的基本战术。

特伦查德的战术取得了成功，作为英国人的盟友，法军在1916年2月凡尔登战役的压力下，也开始学习集中使用空中力量夺取制空权的经验。在讲法语的副官毛瑞斯·巴瑞的协助下，特伦查德开始对法国空军进行训练，指导他们在凡尔登上空与德国空军反复争夺制空权。1916年的教训已经再清楚不过地向法国人表明，空军首先要保持自己的作战能力，也就是夺取制空权，然后才能实施对地攻击。特伦查德顺利地做到了这一点。而此时已经晋升为驻法英军总司令的黑格，也继续要求特伦查德为他制订并落实空中支援的计划，为了能够充分享受空军来自蓝天的援助，黑格将军甚至派出精选的参谋官去分担特伦查德的行政管理负担。

高傲的不列颠绅士

特伦查德对于空军的精深造诣传到了美国中校米切尔的耳朵里，这位美国中校在1917年春季攻势作战的高潮时来到法国。他开车前往特伦查德设在农舍的指挥部去拜会的时候，特伦查德正准备去别处检阅部队。当特伦查德得知米切尔想要参观皇家飞行团所有的中队、装备、后勤设施,并且还要咨询一切有关空中作战的情况时,特伦查德怒气冲冲地大声嚷道:"除了陪你闲逛和回答问题之外,你是不是以为我没有什么更要紧的事情去做?"

【名人谈梦想】
　　梦想,是一个目标,是让自己活下去的原动力,是让自己开心的原因。

　　特伦查德的愤怒并没有让这个年轻的军官不知所措。米切尔回答说:"将军,我不能凭借猜测来对问题做出回答,但我知道您在这里的表现非常优秀。不管有多么重要的事情,我认为一两天的时间绝对耽误不了您的工作。"

　　这个衣着整洁的军官赢得了特伦查德的欣赏,他曾经多次称赞米切尔是"贴心人"。在接下来3天的参观和讨论中,米切尔迅速学到了空权理论的基本原则,特伦查德慈父般地邀请他,可以在任何时候来见他。米切尔后来回忆说,他从来没有经历过如此有指导意义的时光。一年之后即1918年9月的圣·米歇尔之战,是美国空军第一次举行空中战役,米切尔在这一关键时刻再次得到特伦查德的指点。毫无疑问,特伦查德的教诲和支持具有相当重要的作用,他确保了米切尔与英国、法国、意大利的空军有效合作,还帮助美国空军从几个中队发展成一支拥有1400架飞机的庞大

力量。

随着时间的推移，盟军的巡逻机在战线上空逐渐夺取优势。侦察机支援50万地面部队作战，攻击机袭扰德军后方防线，轰炸机则打击铁路枢纽和其他重要目标。尽管空中力量取得了巨大的成功，特伦查德也深得飞行员喜爱，但他还是经常与伦敦的上司发生摩擦。这种不和在1918年4月达到顶点，在皇家空军刚刚成立两个星期的时候，特伦查德突然做出决定，辞去只当了4个月的空军总参谋长。所有的一切，都因为他讨厌司令部的官僚政治，但是几个星期之后，特伦查德又改变了主意，他觉得在德军准备进攻巴黎时做出如此举动是可耻的。他重新回到法国，担任盟军一支独立轰炸力量的司令官。

战略轰炸的首位实践者

在第一次世界大战后期，特伦查德的目标是使用远程轰炸机对德国本土发动更加凌厉的攻势。但是要想做到这一点，就必须说服对独立使用空军力量尚存怀疑的法国指挥官。此时"皇家空军之父"所要面对的，是直到20世纪末空军指挥官仍在不断思考的问题，那就是空中力量的分配。当时的法国空军总司令毛瑞斯·杜瓦尔将军认为，与其划分轰炸机给特伦查德对德国本土进行轰炸，还不如去轰炸德军的主要目标或者打击敌军的地面部队。

所有的讨论最后集中在一个关键点上——陆军必须依靠空军的支援，因此必须使用空中力量在战区层面上打击地面指挥官所划定的目标。尽管特伦查德郑重表示，当地面部队遇到麻烦时，他保证可以非常容易地重新调动轰炸机来进行支援，但是陆军军官们还是放心不下。事实上，陆军伙伴们的担心也并非毫无道理，不仅是1918年的战役没有解决这个问题，在20世纪末之前，这种争议总会发生在每一次重大的联合作战当中。

1918年夏天，所有的目光都集中于特伦查

【名人谈梦想】

一个有事业追求的人，可以把梦做得高些。虽然开始时是梦想，但只要不停地做，不轻易放弃，梦想能成真。

德的轰炸力量,他必须有所成就,否则就将面临一大堆非难。特伦查德有着自己的战略计划,他准备同时对德国空军的不同要点发动进攻,以此来打破空中力量的平衡态势,使德国飞机不能集中力量对盟军发动攻击。特伦查德圈定的首选目标是铁路交通线,因为德国人缺少船只,火车是他们主要的运输手段。此外还有炼钢炉,这种目标对于德国的钢铁供应起着相当关键的作用,并且在夜里能够很容易地被发现。当然了,特伦查德的飞行员还对德国人的军用机场进行猛烈轰炸,彻底毁灭了他们升空作战的愿望。

　　除了应对来自军方高层的压力之外,发动战略轰炸还需要面对诸多挑战,其中最具难度的是激励飞行员冒着巨大风险发动空中战役。他们不仅要在夜间吃力地驾驶携带近750公斤炸弹的飞机,还要在恶劣的天气条件下做长途奔袭。特伦查德后来回忆说:"我的任务是激励、劝导、安慰和动员飞行员,有时候甚至是在让他们去面对死亡。"他的习惯是经常直接找到飞行员本人,开诚布公地进行谈话。他经常目视着中队起飞,然后一直等到他们回来。特伦查德最为钟爱的老兵是"汉德勒·佩奇"轰炸机的乘员们,他们常常被派去执行最为困难的夜间远程奔袭任务。佩奇轰炸机以其载弹量大而闻名,德国的麦茨、科隆、科布兰茨、斯图加特等城市,以及很多战略目标都感受到这种轰炸机的压力。轰炸机群一

般从300多千米外的法国基地起飞执行任务，轰炸的力度从6月份的70吨增加到8月份的1000吨。

永远的"英国皇家空军之父"

在第一次世界大战结束之后，特伦查德又在为永久保留皇家空军而不懈努力。丘吉尔于1919年担任空军大臣，他把特伦查德召来当空军总参谋长，在这个职位上，特伦查德一直干到1929年退休，他的任期对于皇家空军的发展来说无疑是一个天赐良机。

在担任空军总参谋长时期，特伦查德与英国陆、海军要求取消皇家空军的主张做着不屈不挠的斗争。特伦查德在特兰维尔建立了皇家空军学院，他努力加强皇家空军在训练、组织、技术等方面的优势，以此作为保证空军战斗力的稳固基础。当第二次世界大战爆发时，特伦查德已经是一个60岁出头的老者了。他没有在战争中扮演主要角色，但是当著名的不列颠空中保卫战打响时，丘吉尔首相再次邀请这位"英国皇家空军之父"去访问参战的飞行中队，以此来激励英国空军的斗志。

特伦查德在第二次世界大战中没有成为主要角色，但他继续发展了战略轰炸理论。当年特伦查德帮助训练过的飞行员，现在都已经在皇家空军担任了领导职务。他们当中不仅有后来成为空军参谋长的查理斯·F·A·鲍托，还有原来他手下年轻的飞行中队长阿瑟·威廉·特德，特德后来成为盟军最高司令艾森豪威尔将军的副官，他负责统一指挥诺曼底登陆中的空军行动。

岁月丝毫没有抹去特伦查德的雄心壮志，他坚决主张对德国人发动残酷的空袭。通过空军在伯纳德·劳·蒙哥马利将军指挥的北非作战中所发挥的作用，特伦查德再次肯定了空军在

> **【名人谈梦想】**
>
> 无论哪个时代，青年的特点总是怀抱着各种理想和幻想。这并不是什么毛病，而是一种宝贵的品质。

夺取空中优势和配合地面作战方面的作用。作为一名军人，特伦查德非常佩服"沙漠之狐"隆美尔，但是他在日记中不无骄傲地写下这样一笔："在赢得阿拉曼和突尼斯战役前，我们已经在空中胜利了。"

作为一位享有盛名的老人，特伦查德在英、法、美三国的飞行员心目中具有崇高的地位，这些年轻的空军军官对特伦查德充满了敬畏。他们这样做的理由非常简单，因为正是特伦查德的不懈努力，才使空军最终成为战争中备受尊敬的力量，享有自己独特的地位。尤其难能可贵的是，早在空中作战技术非常缺乏的时候，特伦查德就已经总结得出了一系列被时间证明是正确的结论。

筹建教堂

在整个二战期间以及战争结束之后，特伦查德一直在努力筹款，希望在威斯敏斯特的阿比地区建立英国纪念战争的教堂。他全身心地投入到教堂的筹建过程中，把这件事当作一项事业，就像当年他全身心地投入到皇家空军的组成与建设一样。1956年，永远的"英国皇家空军之父"离开了人世，按照他的遗愿，特伦查德被安葬在自己筹建的事业旁边。"天空中没有翅膀的痕迹，可是鸟儿已经飞过。"令人敬畏的皇家空军长官与世长辞，他留下了一笔巨大的空权遗产，使深受他影响的后人受益匪浅。

时至今日，作为一个独立空军的倡导者，以及第一个真正的战略轰炸的实践者，特伦查德的名字还在大多数有关空权历史的著作中被引述。作为一个狂热和坚定的空中力量的倡导者，特伦查德一手训练组建了英国皇家空军，并且带领这支部队参加了第一次世界大战，向世人展示出空军

对于战争的巨大作用。他率先提出的许多有关空军作战的核心概念,至今仍被各国军界广泛沿用。

个人成就

在英国皇家空军飞行员的心目当中,有一个人的名字特别使他们充满敬畏而享有崇高的地位,因为正是他的不懈努力,才使空军最终成为战争中备受尊敬的力量,而享有自己独特的地位,正是他带着一战的硝烟为英国皇家空军培养了二战的精英! 他就是最早意识到航空将引发战争巨变的先驱者之一、战略轰炸的首位实践者、创造了一个飞行世纪的"英国皇家空军之父"——休·特伦查德。

早在空中作战技术非常缺乏的时候,特伦查德就已经总结得出了一系列被时间证明是正确的结论。也许今天的二战迷们很少有人知道他的

名字,但一定会有人记得吉米·杜立特的名字,这位勇敢的中校在日本轰炸珍珠港之后,率领16架B-25轰炸机轰炸了日本本土。伴随杜立特中校一同载入空战史册的是B-25米切尔中型轰炸机,该飞机以比利·米切尔将军的名字命名,米切尔将军是第一次世界大战时的美军指挥官,20世纪20年代时曾极力主张增强空军实力,成立独立的空军。其实早在此之前,休·特伦查德就已经大声疾呼,呼吁人们重

视空军对于战争的作用。

　　当第二次世界大战爆发时,特伦查德已经是一个60岁出头的老者了。他没有在战争中扮演主要角色,但是当著名的不列颠空中保卫战打响时,丘吉尔首相邀请这位"英国皇家空军之父"去访问参战的飞行中队,以此来激励英国空军的斗志。

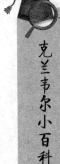

克兰韦尔小百科

　　克兰韦尔军学院的训练考核,也是采取近似实战的方法,教官对飞行员的表现哪怕有一点点不满意,他们也毫不吝惜地"摘下他的飞行头盔"。基础训练结束时,学员虽然入伍仅有半年时间,却被送到驻德等欧洲国家的军事基地参加"维和"演习。演习的课题和方案根据世界上的热点问题拟订。

第二章 传统的教学模式

克兰韦尔军学院的格言是"为明天的皇家军衔而学习"。所有的教学活动都围绕集体荣誉展开,让个体在群体生活中有一个目标,并向这一目标努力。学院在固定场合均设有荣誉室,醒目位置陈列历任主官照片、部队战绩。

第一课　飞行训练机制

大学名言

敢于尝试新事物，敢于丢脸，热爱丢脸，勇于挑战。

　　英国皇家空军虽然规模不大，但建军历史悠久，装备精良，作战能力强，是北约集团"空中主力"的重要组成部分，曾多次参加以美国为首的局部军事行动。特别是在20世纪90年代的海湾战争和科索沃战争中，他们先进的战术、快速的机动和精确的打击能力，都充分体现了英国皇家空军学院平时训练贴近实战的教学思想。

　　克兰韦尔军学院隶属于空军人事与训练司令部领导。院长为少将军衔，学院学员队司令为空军准将，学院除院部外，它还包括巴克斯顿·希思、纽顿、赛耶斯顿和斯坎普顿4个训练基地，拥有1368名军人和686名文职人员，管理着740名学员（其中65名为非空军学员）和遍布于全国的16个大学航空中队的950名学员。学院还有一系列附属单位，它们包括：中央飞行学校、皇家空军特技飞行表演队、克兰

【名人谈梦想】
　　青年时准备好材料，想造一座通向月亮的桥，或者在地上造一所宫殿或庙宇。活到中年，终于决定搭一个棚。

韦尔空战中心、总部安全勤务机构(中心地区)以及皇家空军学院军乐队和皇家空军团。

学院的主要训练机构有:第三飞行训练学校,招飞、选飞与初始军官训练理事会,特别地面训练系,基础飞行训练司令部,中央飞行学校等。

第三飞行训练学校下设地面分校、飞行联队、领航与空勤分校。地面分校主要负责从理论上对学员进行训练,训练的主要内容有飞行理论、机械原理以及相关的理论课程。不但所有的空军飞行员,而且有些陆军航空兵、海军航空兵飞行学员也到该校学习。该分校每年培训学员约为554名。飞行联队提供的训练科目主要有:喷气式飞机的多发训练、教练机上的非驾驶人员训练,以及飞行指导与基本训练,并为第三飞行学校提供一般训练。飞行联队每年培训学员约199名,领航与空勤分校的训练科目主要有:领航的初始训练与复训,空勤人员的初始训练,空军工程、空军电子战、空运装卸长与空中通讯员训练等。该分校每年培训学员约160名。

招飞、选飞与初始军官训练理事会负责从高中生、大学毕业生和大学航空队中招收和选拔飞行员,安排对他们进行各项体检和考试,对这些学员进行初始军官训练。每年开办5期培训班,每期培训时间为24周。全年共培训学员约120名。

特别地面训练系主要对皇家空军的工程和补给军官实施初始培训和专业发展继续培训。参加培训的学员来自空军,还有来自其他军种的学员、文职人员和外军空军军官。学员中既有高中生也有大学生和获得硕士学位的研

究生，文化程度不一。培训的主要科目有：航空学、通信电子工程学、补给理论和其他后勤与管理理论。培训时间因学员的文化程度不同而不同。

基础飞行训练司令部是空军学院主管大学航空中队的机构，负责管理并监督参加大学航空中队的大学生的训练，负责大学生加入大学航空中队的选拔、考核与淘汰，管理并监督空军军官候补生及其奖学金使用情况。

中央飞行学校主要负责各种固定翼飞机、旋转翼飞机和滑翔机的飞行训练。该校校长及其司令部驻克兰韦尔，教练员则分布在4个分别以不同机种进行训练的飞行训练基地。

在克兰韦尔军学院，从空军基地、飞行学员到作战中队，教学过程充分体现了训战的紧密结合，一切为了作战。学员的训练没有平时和战时之分，平时的训练任务就是未来的作战任务，平时怎么训，仗就怎么打。毕业学员无须再经临战训练，即可执行作战任务。

皇家空军学院使用"鹰"式飞机进行高级飞行训练，其战术科目占一半以上，其中使用机载武器进行空战和对地攻击训练占三分之二。在一次教学训练中，若干架"鹰"式飞机以密集队形起飞，像离弦的箭射向苍穹。它们很快又从远方呼啸着扑来，在接近靶场的刹那间，闪电般做了大角度急转弯俯冲、投弹、跃升等一连串动作，扔下炸弹迅即扬长而去。空中滚动

着一声声震耳欲聋的巨响,地面腾起了一炷炷浓烟,空气中弥漫着火药味,那气氛真有点实战的感觉。

克兰韦尔军学院经常进行的训练内容有低空、超低空飞行;沿沟谷、贴海岸线起伏机动飞行;多机种协同飞行;海外机动作战以及带各种战术背景的训练。学员每月保持飞行技术的科目有低空攻击与截击、双机密集队形穿云、双机着陆、模拟停电空滑迫降等。空中加油为每季保持技术的科目。夜航虽然仅占年度飞行训练时间的10%,但新学员每周、老学员每月必须保持两架次夜间飞行,均按标志灯着陆。

在恶劣气象条件下的机动和战术训练,也是学院训练的重点。近年来,英国皇家空军参加境外的演习和执行境外的任务不断增多,就是在国内,每年也要组织2~3次全军范围内的军事演习。每一道作战命令,对出动的机种、机型和起飞时间,都十分明确,"不会因为不断变化的气象而改变"。有时在飞行训练时,云底只有300米,并伴有阵雨,但飞行学员的战机仍编队起飞进行训练。如此复杂的气象条件下起降战机是不多见的,除了充分体现出学院顽强的训练作风和飞行员良好的素质,他们的良苦用心是显而易见的。

学院十分注重学员独立作战能力的培养,主张飞行员必须具有很强的独立作战能力,要求飞行员独立自主地贯彻上级意图,除遵守各项法规和航行管制规定,以及地面指挥所必要的指令外,更多的是依靠飞行员在空中自觉按规定和协同方案来完成任务。在正常的训练过程中,教官只是出题目,问题如何解决由学员自己考虑。因为独立思考和判断决策能力是衡量飞行员飞行和作战能力的重要条件。

从训练的形式上,学院规定,毕业后主要担负空中突击任务的战术空军飞行员,其年度飞行时间的30%应用于截击和空战训练;防空军飞行员则应将其年度飞行时间的30%用于低空突防和对地攻击训练,其一招一式酷似实战,以此提高在未来战场上的作战本领和生存能力。

学院的训练宗旨是：作战部队需要什么样的飞行员，训练部队就培养什么样的飞行员；未来战场流行什么样的机型，他们就培养什么机型的飞行员。可见其"赶时髦"的速度真是比飞行速度还要快。

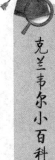

克兰韦尔小百科

　　凡是被克兰韦尔军学院选为飞高速喷气式飞机的学员，都要通过 17 个小时的模拟机训练和 57 个小时在"隼"式战斗教练机上的训练后，才能送到作战训练中心，进行作战实用训练；完成作战实用训练的学员，才能被送往作战部队，进行作战飞机的改装训练和随后的战斗战术训练。

第二课　严格的管理制度

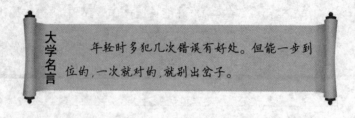

大学名言

年轻时多犯几次错误有好处。但能一步到位的,一次就对的,就别出岔子。

克兰韦尔军学院是世界历史上最悠久的军事飞行学院,其下辖第三飞行训练学校、中央飞行学校、基础飞行训练司令部、特别地面训练系等教育机构,还管理着4个训练基地和遍布于全国的16个大学航空训练中队。克兰韦尔军学院培养的对象是高中毕业生、大学毕业生、有若干服役年限并准备晋升为军官的优秀士兵和士官。培养的目的是使学员具有最基本的军事知识、军事技术知识、部队管理理论以及相应的能力。学员毕业后一般授予少尉军衔,到部队担任初级军官。

由于英国人口相对较少,为了尽可能地网罗人才,英军学院采取了不少放宽招生条件的措施。年龄18～31周岁的大学毕业生、高中文化程度的社会青年、在役士兵均可自愿报名,男女婚否不限。

虽然招生条件较为宽松,但学院对新学员的管理是很严格的,新生入校后的前4周不

【名人谈梦想】

人性最可怜的就是:我们总是梦想着天边的一座奇妙的玫瑰园,而不去欣赏今天就开在我们窗口的玫瑰。

允许回家,从第5周开始才允许他们在周末与家人团聚。

英国空军的军官无论是飞行军官还是地面军官,都统一由皇家空军学院负责基础训练。也就是说,皇家空军学院是进入空军军官队伍的唯一通道。英国皇家空军学院与其他军队院校一样,只实施专业训练,不搞学历教育;虽是正规的军事院校,但不给学员发文凭、授学位。

学员被录取到学院后,先进行为期6个月的队列、体能、基本技能和领导才能等军官基础训练。合格的大学与高中文化程度的学员,分别被授予中尉和少尉军衔。然后,根据培养方向,部分地面专业学员离开学院,到其他地方继续学习;飞行学员留下学习飞行,经过初级、中级、高级三个阶段的飞行训练,3~4年后真正成为一名能够升空作战的飞行员。

学院的教学指导思想明确,把提高"应付各种危机"、"应付突发事件"和"快速反应"等三种能力作为训练的主导思想,并在训练的各个阶段蓄意打造。同时把"主动进攻"放在重中之重的位置贯穿训练始终,在提高部队的快速反应能力上不惜重金,费尽心机。

克兰韦尔军学院的领导者认为,一切战役都要靠进攻才能取得胜利。第二次世界大战中,英国对德国采取空中进攻取得了成功。现代战争更强调进攻的快速性,为了能在短时间内采取空中攻击行动,学院的飞行基地建立了24小时值班制度,大多数飞机能在警报发出2~3小时内做好战斗准备,整个飞行中队能在20小时内做好执行任务的联动准备。

为了提高军官的文化程度,英军把军队院校教育与国民高等教育紧密结合,采取"借鸡下蛋"的办法提高军官学历层次。

高中文化程度的学员入伍后，按空军培训计划进行专业训练的同时，通过参加地方大学的远程教育取得大学文凭。现役军官的研究生教育，也主要依托地方高等院校实施，或者是皇家空军学院与地方高等院校联合培养。

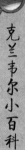

克兰韦尔小百科

克兰韦尔军学院对学员的基础训练一直沿用五个阶段的训练方法，即在飞行学院阶段进行初、中、高三级训练。在这个阶段，学员不分机种共同训练，然后，再由上级机关和学院组成考试委员会，对他们进行考试，优先挑选出飞行技术好、反应快、适应性强的学员飞高速喷气式飞机；将技术中等、飞高速喷气式飞机不理想者选为多发飞机飞行员；最后将技术一般者，列为直升机飞行员。

第三课　克兰韦尔名人榜——约旦国王侯赛因·塔拉勒

1953年5月2日，约旦国王侯赛因正式登基。

约旦哈希姆王国国王侯赛因·伊本·塔拉勒，1935年11月14日生于安曼。童年在安曼伊斯兰经学院读书。1949年到埃及亚历山大的维多利亚学院（中学）学习。1951年7月负笈英伦，在哈罗公学继续求学。1952年进英国桑赫斯特皇家军事学院和克兰韦尔军学院学习。同年8月侯赛因的父亲塔拉勒因病退位，他被立为约旦哈希姆王国第三任国王。

侯赛因国王对外奉行不结盟政策，反对以色列的侵略扩张。对内致力于发展民族经济、文教事业和改善人民生活。侯赛因国王兴趣广泛，喜爱驾驶汽车和飞机，也喜欢滑

水、滑雪、打猎、击剑等活动。

侯赛因1951年毕业于埃及亚历山大的维多利亚学院。1951年7月20日他的祖父阿卜杜拉国王遇刺身亡后，他的父亲塔拉勒继承王位。由于塔拉勒患有神经分裂症，无法理政，1952年8月11日，正在英国哈罗公学学习的侯赛因被召回继承王位。当时他只有17岁，暂由摄政委员会代行国王职权。他又被送往英国入圣赫斯特皇家军事学院和克兰韦尔军学院学习。1953年5月2日，侯赛因正式加冕登基，并兼任三军最高统帅。

侯赛因现为中东地区执政时间最长的一位国家元首。他曾多次遭暗杀，但都化险为夷。有人称他为"历险国王"。1958年11月，他从欧洲休假归来，当他驾机飞越叙利亚上空时，突然遭到战斗机的拦截，逼他降落。他凭着高超的飞行技术，摆脱了战斗机，但险些撞上山头。一次，有人向他告密说，卫队侍从中有人被收买了，打算暗害他，侯赛因只好离宫外住。可他的鼻子发炎，要滴鼻药水，助手无意中将药水滴入水盆，立即发声、冒烟，后经化验才知道是硫酸。侯赛因曾对记者说："如果要我选择的话，我也许不会选择国王这个职位。"因为他已尝够了国王危险四伏的滋味。但他生性喜爱冒险，如到大海滑水、登高山滑雪或驾机翱翔。

侯赛因主要依靠贝都因部族进行统治。1989年11月约旦举行议会选举，此后开始逐步解除为期20年的军事管制，释放政治犯，放宽对新闻的控制。1990年4月10日，他声称要保证约旦各党派的独立性，准备开放党禁。从20世纪70年代起，他把发展民族经济置于优先地位，实行经济开放和贸易自由化政策，鼓励私人投资，积极吸引外资和引进先进技术，重视科技人才的培养，使约旦经济发展很快。他对外奉行亲西方政策，谋求中东问题的政治解决。在巴勒斯坦问题上，他提出"以领土换和平"的原则，主张在联合国安理会242号决议的基础上解决阿以之间的问题，被认为是阿拉伯国家温和派的代表。1988年年底，他宣布约旦断绝与约旦河西岸的行政和司法关系，重申巴解组织为巴勒斯坦人

【名人谈梦想】

人有了物质才能生存，人有了梦想才谈得上生活。你要了解生存与生活的不同吗？动物生存，而人则生活。

88

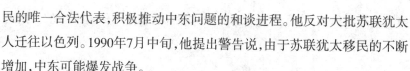

民的唯一合法代表,积极推动中东问题的和谈进程。他反对大批苏联犹太人迁往以色列。1990年7月中旬,他提出警告说,由于苏联犹太移民的不断增加,中东可能爆发战争。

侯赛因国王结过四次婚。第一个妻子名叫迪娜·阿卜杜拉·哈米德,是哈希姆家族的一位公主,侯赛因的远房表姐,比他大7岁。他俩在英国一位朋友家结识,当时侯赛因在哈罗公学学习,迪娜是剑桥大学学生。1955年4月19日结婚。婚后,侯赛因对迪娜经常参与政事不满,二人因感情不合于1956年秋分手,留下一女阿利亚由侯赛因照管。1961年5月25日,侯赛因与穆娜结婚。穆娜原名托妮·加德纳,是英国驻约旦军事顾问团沃克·加德纳中校的女儿。婚前,托妮改信伊斯兰教,并取阿拉伯名字穆娜·侯赛因,意为"侯赛因的希望"。婚后生了两男两女。1972年,侯赛因同巴勒斯坦姑娘阿利娅结婚,生有一儿一女。但不幸的是阿利娅在1975年一次飞机失事中身亡,侯赛因受到很大刺激,一度精神不振。1976年,他在约旦遇到了黎巴嫩裔美国姑娘丽沙·哈拉比,她毕业于美国普林斯顿大学建筑系,1977年在约旦皇家航空公司工作。他俩都酷爱飞行,于1978年6月结婚。

丽沙也改信伊斯兰教,并改名为努尔·侯赛因,意为"侯赛因之光"。婚后生有两男两女。

大事记

1935年11月,侯赛因出生在约旦首都安曼。

1946年5月25日,约旦宣布从英国统治下独立,侯赛因的祖父阿卜杜拉成为约旦第一任国王。

1948年5月,约旦参加第一次中东战争,大批巴勒斯坦难民涌入约旦。

1950年4月,约旦河西岸和东耶路撒冷并入约旦版图。

1951年7月20日,侯赛因在耶路撒冷阿克萨清真寺目睹其祖父遇刺。9月6日,侯赛因之父继承王位。

1952年8月11日,侯赛因被宣布接替其父继承王位。

1953年5月2日正式登基。

1956年3月,侯赛因解除约旦军队中英国军官的职务,结束外国势力对约旦军队的控制。

1958年2月,侯赛因同伊拉克国王费萨尔吉正式结成"阿拉伯联邦",直至7月费萨尔国王遇刺宣告结束。

1965年4月,侯赛因修改宪法立其弟哈桑为王储,代替只有3岁的阿卡杜拉王子。

1967年6月,约旦参加第二次中东战争,丢失了约旦河西岸和东耶路撒冷,巴勒斯坦难民大批涌入约旦。

1970年9月,约旦军队突袭约境内的巴勒斯坦游击队营地,造成3000～5000人死亡,许多巴勒斯坦人逃往黎巴嫩和叙利亚。这就是著名的"黑九月事件"。

1973年10月,约旦象征性地参加了第三次中东战争,没有同以色列进行交火。

【名人谈梦想】

世界上最幸福的事情是彻彻底底地了解自己人生的追求和梦想,并依托自己的天性才华,让自己的梦想得到实现,让自己的才华得到彰显。

1988年7月，侯赛因中断了约旦河西岸同约旦在立法和行政上的联系，为建立独立的巴勒斯坦政权铺平了道路。但侯赛因仍然是耶路撒冷圣城的监护人。

1989年，约旦在国际货币基金组织的帮助下开始经济改革计划。11月，举行了22年以来第一次议会普选。1922年政党合法化。

1990年至1991年，海湾战争中，约旦曾一度支持萨达姆政权。后来虽对伊拉克入侵科威特表示谴责，但对联合国对伊制裁并不积极。

1993年11月，约旦举行第一次多党议会选举，主要席位被接近政府的独立人士赢得。

1994年7月25日，侯赛因与以色列总理拉宾签署《华盛顿宣言》，约以正式媾和。10月26日，约旦同以色列正式签署和平条约，结束了两国间长达46年的敌对状态。两国于11月建立外交关系。

1995年1月，巴勒斯坦领导人阿拉法特访问安曼，双方签署了一系列合作协议，标志着约旦和巴勒斯坦的关系进入一个新阶段。

1998年7月，侯赛因被诊断患淋巴癌，开始在美国进行化疗。10月23日，他在华盛顿参加巴以怀伊协议签字仪式。

侯赛因国王驾机访问中国

1983年9月，侯赛因国王和努尔王后访华。那是一个秋高气爽、风和日丽的下午，北京机场做好了迎接侯赛因国王和努尔王后座机降落的一切准备工作。一会儿，国王的座机沿着机场跑道滑行过来。人们一眼就看出，坐在驾驶舱内握着操纵杆的飞行员不是别人，

【名人谈梦想】

很多时候，我们富了口袋，但穷了脑袋；我们有梦想，但缺少了思想。有时你的梦想达到是一种幸福，有时梦想破灭也是一种幸福。

正是在电视上和报刊上经常见到的那张熟悉的面孔。有人不禁高声说："快看，是侯赛因国王亲自驾驶飞机!"

过去，我们听到过许多关于侯赛因国王驾驶飞机的传说，但百闻不如一见，这次亲眼看到侯赛因国王坐在驾驶舱内，而且是坐在正驾驶的位置上，还穿着一身引人注目的飞行衣，仍是惊诧不已。在侯赛因国王访华的日子里，常会听到他谈论飞行。他不仅喜欢驾机，而且喜欢欣赏经验丰富的飞行员的实际操作。在北京到外地参观访问途中，侯赛因国王曾多次走进专机驾驶舱，坐在飞行员身旁，一边观看操作，一边同机组人员亲切交谈。侯赛因国王对飞机性能和飞行技术都非常内行，且又平易近人，所以大家都不感到拘束。侯赛因国王是怎样成为一位技术高超的业余飞行员的呢?

1952年，年仅17岁的侯赛因接替患病的父王，就任约旦哈希姆王国国王。同年9月，侯赛因乘坐指挥约旦空军的空军中校费希尔驾驶的飞机到耶路撒冷去视察部队。在归途中，侯赛因产生了驾驶飞机的念头，他向费

希尔中校提了许多关于驾机飞行的问题，并提出要亲自试开一下。两天以后，当费希尔送侯赛因去马弗拉克的时候，侯赛因再次提出与他一起驾驶飞机。这一秘密传到侯赛因母亲泽扬太后那里，泽扬太后及其他一些王室要员公开表示，反对侯赛因学习开飞机。侯赛因不甘屈服，顶住来自家庭、王宫和政府的压力，发誓要学开飞机。最后，他的家庭总算勉强同意了他的要求，但他们坚持绝对不许他单独飞行。

1953年5月2日，侯赛因刚到法定年龄，便举行了登基仪式，正式行使国王的权力。同年6月23日，他便开始上第一

次飞行课。在整整一个小时的课程中，教练带着侯赛因做了奥斯特式飞机能做到的各种盘旋、转弯、翻跟头等高难度动作。课程结束时，侯赛因感到头昏脑涨，反应十分强烈，跟跟跄跄地走下飞机。在这种情况下，他表现出顽强好胜的性格和拼搏精神。那年夏天，侯赛

因在炎炎烈日下每周学习飞行技术多达5天，有时甚至6天。由于他训练刻苦，一个月后，他不仅熟悉了飞机上的仪表设备，而且掌握了飞行技术。他想单独飞行，但遭到拒绝。不久，侯赛因终于找到了单独飞行的机会。一天，他看到机场发生事故，机场人员都忙于调查和处理那一事故，他趁乱悄然爬上他的鸽式飞机，发动了引擎，向跑道尽头滑去，直刺蓝天。这时，机场上所有人员都吓得惊慌失措，纷纷跑到指挥塔上，眼巴巴地望着他在空中飞行。从那以后，侯赛因获得单独飞行权。后来，侯赛因学会了驾驶喷气式飞机。1958年，他又学会了驾驶直升机。

　　侯赛因国王执意学习飞行一个重要的原因是，他怀有填补约旦航空

【名人谈军事】

　　如同外科医生的手术箱里，有各种不同的工具一样，军事手段也只是达成大战略的手段之一。

"真空"强烈的责任感。他继位时，约旦既无自己的空军，又无自己的民航事业。这种状况使他忧心忡忡。他强烈意识到，对于处在中东战略要地的约旦来说，建立一支拥有实力的强大空军实在太重要了。那时他认为，约旦之所以不能有效地保卫自己的领土，就因为没有一支自己的空军。在祖国遭受袭击的情况下，总是依靠外国空军的援助，不是明智之举。同时，他意识到，对于约旦这样一个独立国家来说，开创、发展自己的民航事业也是必不可少的。侯赛因国王执意学习飞行的另外一个原因是，他希望以自己选择的方式从事国王的职务，过一种自己爱好的生活。他作为一国之君主，日理万机，工作十分繁忙。有时候，他觉得有些工作太单调乏味。他迫切希望从现实的世界中超脱出来，哪怕一小时也好。于是，飞行就成了他实现这个目标的最佳手段。对他来说，在万里长空驾机飞行是一种很好的运动，也是一种独特的休息和享受。他说："每当我乘上飞机，总要长长地出一口气，感谢真主，在这时我才成为自己命运的主人。高高地在天空飞行，这对我来说，就意味着一种自由。"

　　在侯赛因国王的同意和鼓励下，他的长子阿卜杜拉亲王也成为一名驾机和跳伞能手。他的次子费萨尔亲王毕业于英国皇家军事学院，攻读的主要科目是军事飞行。回约旦后，他在约旦空军任中尉飞行员。国王的女儿阿依莎公主开始拜哥哥阿卜杜拉为教练，1985年穿上军装，成为约旦第一位女兵。这位金发碧眼的窈窕淑女经过艰苦训练后，也成功地飞上了蓝天。她不仅学会驾驶飞机，还学会跳伞。她是约旦有史以来第一位跳伞姑娘，还曾获得金翼降落伞奖章。努尔王后受她父亲的影响，本来就熟悉飞行。因此，人们都说，侯赛因国王一家可誉为"飞行世家"。

大难不死的国王

　　侯赛因国王一生中经历过无数次风险，人们称他是个大难不死的传奇式人物。

1951年7月20日,年仅16岁的侯赛因亲王身着军装,佩带胸章,陪同他祖父阿卜杜拉前往耶路撒冷。那天正值星期五,是穆斯林做礼拜的日子。

耶路撒冷有很多清真寺,其中最著名的是被誉为伊斯兰世界第三大清真寺的阿克萨清真寺。中午时分,阿卜杜拉国王一行来到这里进行聚礼活动。当时,中东地区正处于动乱之中,约旦河西岸的政治形势也相当紧张。为避免出现不测事件,随行的文武官员曾进谏,劝阿卜杜拉国王放弃这次活动。阿卜杜拉国王引用了一句古老的阿拉伯谚语:"生死有命,在劫难逃。"国王坚持自己的决定,继续朝阿克萨清真寺走去。

王宫警卫人员为保证国王的安全,做了特殊安排。他们把国王紧紧围住,不让任何陌生人靠近。阿卜杜拉国王不喜欢那么多卫兵围住他,命令警卫人员后退几步,他自己率先进入阿克萨清真寺大门。谁知阿卜杜拉国王刚步入清真寺,门后便闯出一个年轻人。这个年轻人手持左轮手枪,把阿卜杜拉国王击倒在地。这位老国王倒在血泊中,停止了呼吸。当时在场的人都被这突如其来的事件惊呆了,一时不知所措。这时,人们只见侯赛因挺身而出,向转身逃跑的凶手猛扑过去,王宫警卫人员随之也赶上来。凶手见无路可逃,便突然转过身来,与侯赛因对面而视,手里的左轮手枪对准侯赛因胸部。侯赛因来不及防范,只微微闪了一下。凶手向侯赛因开枪,子弹不偏不倚,正打在侯赛因佩带的那枚胸章上。子弹斜着打上去,立即弹掉了。侯赛因向后摇晃了一下,很快恢复镇定,他安然无恙。他看到,那名凶手已被王宫警卫击毙。

侯赛因17岁成为约旦国王,他一直住在巴斯曼宫。宫里养着一些猫,侯赛因国王很喜欢这些猫,吩咐宫中的厨师把猫喂饱养好。一天,侯赛因在宫中花园里散步,突然发现有3只猫一动不动地躺在那里。起初,他还以为这些猫饿了才躺在这里,但后来发现,这是3只死猫。他感到此事可疑,便亲自调查。宫中几位厨师和警卫人员向他报告说,他们在前两天就已经发现过十几

【名人谈军事】

使敌人丧失平衡,自己乱了阵脚,这才是战略的真正目的;其结果不是敌人自行崩溃,就是在会战中轻易被我击溃。

只死猫。侯赛因听后大为惊讶。接着,他又进一步调查,终于查了个水落石出。原来宫中有个厨师被人用重金收买,要用毒药害死国王及其全家。但这位厨师缺乏作案经验,不能确定放多少毒药才能药死国王及其家人。于是,他便先在猫身上做试验。事发后,这位厨师被捕入狱。过了些时候,侯赛因国王做完礼拜从清真寺出来,看到一个手持《古兰经》的小姑娘。这位小姑娘就是那位厨师的女儿,她请求侯赛因国王能赦免她的父亲。侯赛因国王大发慈悲,立即下令释放这位厨师。

1958年11月10日,侯赛因乘国王专机前往欧洲度假。那天早晨8时左右,他亲自驾驶一架双引擎飞机飞上蓝天,而让专机驾驶员杰克坐在他的身边。他们起飞前,约旦方面按惯例与国王专机要飞越的国家进行了联系,并取得了这些国家的许可。但当侯赛因国王的座机飞越某国上空时,这个周边国家当时却出动两架战斗机追踪迫降。为能安全返回约旦,侯赛因国王和飞行员杰克使出所有招数,与这两架战斗机进行周旋。

侯赛因国王后来回忆这一情景时说,他们用那架老式飞机做了各种惊险动作。他们有时以最高速度飞行,有时超低空飞行,经受了奇迹般的考验。为了躲避那两架战斗机的袭击,他与飞行员不择方向飞行。在飞行过程中,他们遇到过最大险情。侯赛因国王回忆说,他们在返回约旦途中,几乎在接近零的高度飞行,险些触到地面。在那紧张时刻,他和飞行员分别观察那两架战斗机,无暇注视前方。当他们把视线收回来时,猛然发现他们的飞机正朝着一个山丘笔直地飞去。国王与飞行员杰克同时握住驾驶盘,用力扭转航向,致使飞机震动起来。当飞机只差几米就要撞到山丘上的时候，他们终于幸运地改变了航线，避免了一场机毁人亡的悲剧。

1960年8月29日，约旦首相府被炸，首相马贾利和另外12名首相府工作人员被炸死。侯赛因国王获悉这一消息后，立即拿起手枪，驾驶汽车向肇事地点驶去。中途，国王被国防大臣和武装部队总司令拦住了。他们力谏国王不要到肇事地点去，以免发生意外事件。这一建议被国王接受。果然，在第一次爆炸后不到一个小时，又发生了第二次大爆炸。这次爆炸破坏性更大，死伤的人员更多。事发后，侯赛因国王专门成立了事件调查委员会。调查的结果表明，肇事者事先进行了周密观察，做出了精心安排。凶手在首相府悄悄地安放了两颗爆炸力很强的定时炸弹。第一颗定时炸弹是针对马贾利首相的，安放第二颗定时炸弹是为了从肉体上消灭侯赛因国王。肇事者清楚地知道，根据侯赛因国王的性格和一贯做法，国王只要听到首相被炸死的消息，定会立即赶往肇事现场，亲自进行调查，并为首相处理后事。根据这一判断，肇事者认为，国王到首相府不久，第二颗炸弹便会爆炸，国王必死无疑。这样，肇事者便可达到既炸首相又炸国王一箭双雕的目的。但出乎肇事者意料的是，侯赛因国王在中途被拦住，并没有去肇事现场。侯赛因国王又一次死里逃生。

侯赛因国王的驾车爱好

侯赛因虽出身于王室，而且是执政的阿卜杜拉国王的长孙，但因

约旦当时经济困难,他父亲收入有限,家中人口又多,没钱给他买汽车。侯赛因是借别人的汽车学会驾驶技术的。直到后来,侯赛因在英国公学学习时,他父亲的朋友送给他一辆天蓝色的"卢浮"牌轿车,他才算有了自己的私人小汽车。他得到汽车后第一件事就是争取在英国领取驾驶执照。他说,他作为一位有可能继承王位的王子,回安曼后根本不可能参加考试,因为没有一个人敢承担这种责任。根据哈罗公学的规定,私人用车不准停放在学校里,约旦驻英国大使特意为侯赛因就近找了一个车库。

侯赛因精力充沛,喜欢活动,希望亲自到基层接触各界人士,进行社会调查。他把视察部队或工程项目当作乐事。晚饭后,他经常伴着月光亲自驾车到部队驻地,与士兵们在漫漫黄沙中摸爬滚打,与士兵们一起在茫茫沙漠中巡逻。天亮时,他又亲自开车返回王宫,稍事休息后,开始工作。

王宫警卫人员为保证侯赛因国王的安全,千方百计阻止他随便驾车外出。侯赛因国王不与警卫人员争辩,但在暗暗考虑对策。一天晚上,这位年轻国王决定化装成出租汽车司机,到民间进行私访。于是,他穿上一件大衣,裹上一块大缠头巾,把脸遮起来,只露出两只眼睛。晚8时左右,他开着一辆草绿色的旧福特牌轿车,车上挂着普通车号,离开王宫行驶在公路上。路上果然有人搭乘他的车,侯赛因国王便与乘车人自由地交谈,从中

了解到许多在宫中听不到的事情。他直到半夜才驾车返回宫中。

还有一次,侯赛因国王决定秘密进行一次有关他本人声望的民意测验,他再次乔装成出租汽车司机驾车出宫。在汽车开往杰拉什的路上,侯赛因国王迅速发现一个贝都因

人。双方讲好价钱后,这位乡下人便上了侯赛因国王的车。开始,国王与乘车人谈收成,论家常,后又故意将话题引到对国王的评价和看法上。国王问他:"人们经常谈论侯赛因国王,他到底是什么样的人?你如何看待他?他是个好国王吗?"那人说:"除真主外,他是我们的最高统帅。他保护我们、帮助我们,我们很热爱他。"侯赛因国王说:"我不能完全同意你的话。"那人听了怒火中烧,大声喊道:"你再敢对我们的国王说这种话,我就揍你,非打得你出血不可。"幸亏王宫的警卫人员及时赶到,才为国王解了围。为了答谢这位贝都因人的直言,侯赛因国王一直把他送到目的地。

一次,侯赛因国王亲自驾车,与采访他的作家弗雷东·萨希尔·杰姆易地交谈。在从巴斯曼宫到武装部队总司令部只有5千米远的公路上,国王的汽车因没有警卫前导车开路,有好几次被交通路口的红灯止住。这时,国王放慢车速,把汽车停下来。行人朝他鼓掌,负责维护交通秩序的警察举手向他致军礼。国王微笑着向他们点头致意。当他发现王宫警卫车追来时,就加大车速,把王宫警卫车队远远地甩在后面。

侯赛因国王对自己精湛的驾驶技术十分自信,但对不测事件也有所防范。自从他的祖父阿卜杜拉国王被刺身亡以后,侯赛因国王总是随身携带一支手枪。他通常把手枪放在汽车驾驶盘前面的套箱里。有时候,他在急转弯或急刹车时,手枪就会飞出来掉在身旁乘客的膝盖上。

侯赛因国王喜欢参加汽车比赛,尤其喜欢在崎岖不平的山路上开车、参加汽车拉力赛。30多年来,约旦每年都举办一次汽车拉力赛,这种拉力赛多在安曼附近的山区举行。侯赛因国王几乎每年都参加这种拉力赛,而且曾多次获得第一名。1987年,年逾50的侯赛因国王与其长子阿卜杜拉亲王一道参加约旦全国汽车拉力赛。比赛仍选在弯弯曲曲的山路上举行。赛前,不少军政要员和社会名流曾进谏:国王年事已高,最好不要参加此类赛车活动。爱车如命的国王自然不会接受这种建议。于是,进谏者又试图通过努尔

> **【名人谈军事】**
>
> 战术之为物,一言以蔽之是若干世纪以来的军事经验的积累。这是战争中一条万古不易的公理,确保你自己的侧翼和后方,而设法迂回敌人的侧翼和后方。

王后劝说国王放弃这一活动。努尔王后对进谏者表示谢意，她不仅没有劝阻国王参加汽车拉力赛，而且亲自带着孩子赶到现场，组织起皇家家庭啦啦队，自任队长，为侯赛因国王父子加油助威。在这次比赛中，侯赛因国王老当益壮，再次获得汽车拉力赛第一名。阿卜杜拉亲王获得第三名。努尔王后负责发奖，她高兴地把奖杯发给侯赛因国王，并与丈夫、孩子们一起在发奖现场照了张全家福。

克兰韦尔小百科

　　尽管皇家空军学院在英军飞行人才培训中主要承担基础训练的任务，但学院把"为提高皇家空军战斗力服务"作为自己的办学宗旨和目标，每个训练阶段都紧紧围绕提高战斗力，紧密结合实际对目标进行具体化。校方在基础训练阶段提出，要使飞行人员具有军官基本能力、素质和共同专业基础；在飞行训练阶段提出，要使飞行人员具有扎实的技战术基础、作战意识、战术素养、决策能力、管理才能和团队精神。

第三章 克兰韦尔的军人精神

　　克兰韦尔军学院强调对军官的培养教育首先是精神品质的培养，内容包括道德、意志、心理品质和为国家、军队服务的信念。他们强调这是"首要的问题"。学院在尊重和强调客观物质因素的同时，也非常注重对军人进行精神引导。

第一课　教室悬挂中国格言

在克兰韦尔军学院的初级军官训练系,教室墙上端端正正挂着一块木牌,上面写着:"Giving one a fish is only for a meal, but teaching one to fish call benefit one for a life. ——Chinese proverb。"翻译成汉语就是"授之以鱼仅够一餐享用,授之以渔能供一生之需。——中国格言。"

这句格言在克兰韦尔军学院已经悬挂30多年了,它准确表达学院的教育理念。学员们认为,这句格言将使他们一辈子受用不尽,并将永远悬挂下去,因为再也找不到哪句格言能如此受到学员们的广泛赞誉了。对于一个人而言,院校教育是短暂的。因此要在短暂的教育中留下能够一辈子受用的东西,既要给学员"鱼"吃,更要教会学员"打鱼"的方法。在这样的教育理念指导下,皇家空军学院在培养人才中,把专业训练与提高领导管理能

【名人谈军事】

人民战争必须向云雾一样,在任何地方也不凝结成一个反抗的核心。只有获得胜利的可能性非常大时,才可进行决战。

力有机地结合了起来,既打牢技术和战术基础,更注重全面提高能力素质。

学院在培养学员领导管理能力方面有一整套的措施。除了在基础训练阶段向学员系统传授领导管理基本理论知识,他们还大量地运用"事件训练法",由教官确定任务和条件,学员担任"指挥官"组织实施,分专题练习基本的领导管理能力。平时学员自我管理,并轮流在所属训练机构中代理一定的领导职务,组织管理训练,在实践中锻炼提高领导管理能力。

尽管皇家空军学院在英军飞行人才培训中主要承担基础训练的任务,但学院把"为提高皇家空军战斗力服务"作为自己的办学宗旨和目标,每个训练阶段都紧紧围绕提高战斗力,紧密结合实际对目标进行具体化。校方在基础训练阶段提出,要使飞行人员具有军官基本能力、

素质和共同专业基础；在飞行训练阶段提出，要使飞行人员具有扎实的技战术基础、作战意识、战术素养、决策能力、管理才能和团队精神。

【名人谈军事】
战术就是在决定点上使用兵力的艺术，其目的就是要使他们在决定的时机、决定的地点上发生决定性的作用。

克兰韦尔军学院在基础训练阶段可谓"精雕细刻"，学院院长威廉·里默少将说："我们要生产出一个好的'产品'，就必须这样精雕细刻。"这也应了中国的一句俗话："磨刀不误砍柴工。"

学院在飞行人员培训的不同训练阶段，都相应安排了战术基础和战术训练的内容。在军官基础训练的6个月中，校方安排了作战研究课程。通过研究本国空军近年参加的马岛之战、海湾战争和科索沃战争等典型战例，培养学员关注战争、研究战争的兴趣、能力。在飞行训练中，战术训练安排得比较早。学员在初级和基础飞行训练阶段，就开始进行少量的战术基础科目训练。越往后面的飞行训练，战术科目占的比重就越大。

凡是被选为飞高速喷气式飞机的学员，都要通过17小时的模拟机训练和57小时在"隼"式战斗教练机上的训练后，才能送到作战训练中心，进行作战使用训练；完成作战使用训练的学员，才能被送往作战部队，进行作战飞机的改装训练和随后的战斗战术训练。从学院毕业的英国空军战斗机飞行员，在飞行学院平均要飞行424小时，完成部队作战机种改装训练后接近500小时，如此这般飞出来的飞行员，其基本功当然不一般。

克兰韦尔军学院的训练考核，也是采取近似实战的方法，教官对飞行员的表现哪怕有一点点不满意，他们也毫不吝惜地"摘下他的飞行头盔"。基础训练结束时，学员虽然入伍仅有半年时间，却被送到驻德国等欧洲国家的军事基地参加"维和"演习。演习的课题和方案根据世界上的热点问题拟定。所有"指挥官"都由学员担任，考官根据各人的表现评定成绩。学

员在学院的整个训练结束后，一般还要被安排到沙特、马尔维纳斯群岛等海外军事基地，一方面在一线检验训练质量，一方面进一步提高其战备意识和战术水平。

克兰韦尔小百科

　　克兰韦尔军学院在培养学员领导管理能力方面有一整套的措施。除了在基础训练阶段向学员系统传授领导管理基本理论知识，他们还大量地运用"事件训练法"，由教官确定任务和条件，学员担任"指挥官"组织实施，分专题练习基本的领导管理能力。平时学员自我管理，并轮流在所属训练机构中代理一定的领导职务，组织管理训练，在实践中锻炼提高领导管理能力。

第二课　注重军人品格的培养

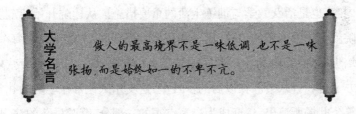

大学名言

做人的最高境界不是一味低调，也不是一味张扬，而是始终如一的不卑不亢。

在平时的教学和训练中，学院在尊重和强调客观物质因素的同时，也非常注重对军人进行精神引导。

英国作为美军的主要盟友，又是北约主要空中力量之一，直接参加了近期世界几场现代化战争。如海湾战争、科索沃战争，尤其是英国1982年对阿根廷的马岛之战，充分体现了其空军的训练水准和作战能力。克兰韦尔强调对军官的培养教育首先是精神品质的培养，内容包括道德、意志、心理品质和为国家、军队服务的信念。他们强调这是"首要的问题"。

英国皇家空军学院院长威廉·里默少将强调，军官的"意愿、动机是最重要的，是不可替代的素质之一"。他们的品质教育起了很大的作用。这位少将不无自豪地说："从克兰韦尔走出的学员，没有不热爱自己从事的专业、不乐意承担任务、不愿在军队工作的。"

学院采取多种方法增强对军人意志的培养和军人职责的教育，体能和野外生存训练是其重要的方法之一，学院认为这种训练在强健学员体

质的同时,更培养了其自信心和坚强的意志。主要方式是航海训练,攀登悬崖,荒漠、森林、山路行军和跳伞训练。这些训练对抗性、实战性非常强,使逃生技能和身心都得到了锻炼。

学院按照实战的要求,设置各种战争环境,对学员开展自信冒险、指挥能力、求生越障等训练,使学员熟悉实战环境。还针对经常参加国外维和行动等实战情况,要求学员掌握几种语言。克兰韦尔军学院的多数学员都会两种以上的语言,以便战时在异国能够适应环境,处置各种情况。学院的在编教官都比较少,他们大量聘请地方教授讲课,拓宽学员的知识面,既保证了需要,又节省了编制。

音乐是跨越国界的语言,对学员进行音乐教育,既是精神品质教育的重要内容,也是活跃教学与训练生活的重要措施。从建院开始,克兰韦尔军学院就有热爱音乐的传统。第一次世界大战期间,学院是皇家海军航空兵的培训基地,当时的音乐爱好者自愿组织起来,成立了一支管弦乐队,并举办了首场音乐会。在以后的岁月里,这支乐队经常在学院的礼堂、体育馆等公共场所演出,逐渐成为皇家空军的一部分,管弦乐队的演出活动像飞机训练一样在克兰韦尔军学院继续着。

英国在第二次世界大战中正式宣战的那天，克兰韦尔军学院的军乐队正在朴利茅斯演出。战争的爆发改变了乐队演出的性质，演出现场的气氛也变得凝重起来，娱乐性更多地变成了一种鼓动性和宣传性，演出变成了一种责任，

【名人谈军事】

　　任何战术都只适用于一定的历史阶段；如果武器改进了，技术有了新的进步，那么军事组织的形式、军队指挥的方法也会随着改变。

乐队肩负着为驻在英格兰北部的全体皇家空军提供文娱节目的重任，从此，军乐队经常去伦敦遭到爆炸的地区进行演出，因为那里有许多战斗分队，为了鼓舞士气，那里需要乐队的演出。战后，乐队参加了许多重要的庆典活动，包括欢迎外国元首的礼仪性访问活动。

　　上世纪70年代，英国皇家空军所有乐队的管理和控制权移交给了国防部，克兰韦尔军学院乐队规模也随之削减。1991年海湾战争期间，克兰韦尔军学院乐队的乐手们曾被派往战争前线的沙特阿拉伯，乐队又一次名声大噪，并为更多的人们所熟知。

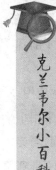

克兰韦尔小百科

　　克兰韦尔军学院的学员被录取到学院后，先进行为期6个月的队列、体能、基本技能和领导才能等军官基础训练。合格的大学与高中文化程度的学员，分别被授予中尉和少尉军衔。然后，根据培养方向，部分地面专业学员离开学院，到其他地方继续学习；飞行学员留下学习飞行，经过初级、中级、高级三个阶段的飞行训练，3~4年后真正成为一名能够升空作战的飞行员。

第三课　克兰韦尔名人榜——"喷气动力之父"惠特尔

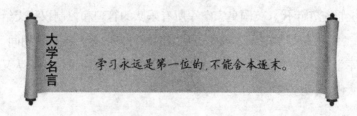

学习永远是第一位的，不能舍本逐末。

　　弗兰克·惠特尔，喷气式发动机的创始人。喷气式发动机的产生，给世界航空工业带来了一场革命。由于它采用了全新的工作原理，可为飞机提供远远超过其前辈——活塞式发动机的强大动力，而且它还摒弃了前者"难以割舍"的痼疾——螺旋桨，因而大幅度提高了飞机的性能。

　　如今，喷气技术已经得到了越来越广泛的应用，不论是军用还是民用飞机，甚至某些航模也采用小型脉冲喷气发动机作为自己的动力装置。然而，当英国人弗兰克·惠特尔爵士将这只"丑小鸭"刚刚带到世界上来时，却颇费了一番周折。

个人经历

　　1907年6月1日，惠特尔出生于英格兰南部的考文垂。在第一次世界大战中，童年的惠特尔亲眼看到战斗机的空中格斗,从而对空战产生了浓厚兴趣。16岁时,惠特尔考入英国皇家空军见习学校,毕业后到克兰韦尔皇家空军学院学习。在校期间,他就发现驱动螺旋桨的活塞式发动机满足不了飞机高空高速飞行的需要,并在毕业论文中提出了新型推进系统涡轮喷气发动机的工作原理:先将空气吸入,再经过双面离心压气机压缩,然后在单管燃烧室内喷油燃烧;燃烧后的高压燃气驱动涡轮带动压气机,同时高速从尾喷管喷出,从而产生推力推进飞机。他推导出了发动机热力学的基本方程,并且提出飞机的巡航高度可以达到35000米。

惠特尔的设想,令人耳目一新,但由于在1929年,人们的思想仍固围于传统的活塞式发动机的模式中,没有人相信他的设计能够实现,惠特尔跑了几家厂商,均被婉言谢绝。其设计方案也被漠然置之。由于无人采用,因此惠特尔的燃气涡轮喷气发动机方案只得先申请专利。这时,他年仅23岁。

1935年,机遇终于来了,在原克兰韦尔皇家空军学院的一位学友威廉斯的安排下,一家由银行家组成的商行决定资助新办的"动力喷气有限公司",试制惠特尔发明的涡轮喷气发动机。惠特尔也进入这家公司工作。这年6月,惠特尔开始设计第一台涡轮喷气发动机。1937年4月12日,这台双面离心式压气机、10个单管燃烧室的燃气涡轮喷气发动机在试车台上运转起来;转速达到了11750转/分,发出推力545千克(5340牛顿)。该发动机从设计、制造到运转成功,仅花了不到两年的时间。

当皇家空军部的军官看到第一台燃气涡轮喷气发动机确实在成功运行和可以工作时,才答应给予资金支持;翌年3月,空军与惠特尔签订了合同,用一台改进的发动机装备飞机。接着罗斯特飞机公司与他签订了合同,制造惠特尔W1型涡轮喷气发动机装E-28/39飞机,作为飞行试验。

但是,由于长期辛劳,惠特尔的身

【名人谈军事】

　　每一种情况都有适合于它的一个特殊的战略。战略若太复杂,必然失败。

体状况已经变得很坏，再加上第一台发动机运转一直不稳定，噪声极大，难以正常工作，所有的合作者都离他而去，惠特尔的精神几乎达到崩溃的地步。1938年4月，惠特尔制造了第二台发动机，并稳定工作了两个小时，但最后还是解体了。

　　1939年，二战爆发，英国若一开始就大力支持惠特尔的研究，这时可能已占有压倒性的空中优势，但事实并非如此。到了1940年7月，惠特尔的发动机终于可以稳定工作，1941年5月，英国生产出第一架喷气式飞机E-28/39试飞，并演示给丘吉尔看，却不邀请喷气发动机的发明者惠特尔。

　　这一切延续到了1945年8月，德国的Me-262喷气式战斗机率先投入使用，这种飞机速度远远超过同期最优秀的活塞式战斗机，令同盟国感到震惊。尽管由于此时已近二战结束，法西斯已回天无术，少量的喷气式战斗机也未能起到多大作用，惠特尔还是感到十分痛心，毕竟在这场竞赛中，他在大部分时间处于领先的，是官僚们耽误了他。

　　1948年，英国政府终于公开承认了惠特尔的贡献，授予他勋章和奖金，并封他为爵士，晋升准将。全世界许多国家、城市、大学、专业学会也给他无数的奖章和名誉学位。1976年惠特尔移居美国，成为一名大学教授，安静地住在乡间。

发明喷气发动机

　　1926年，他开始在林肯郡的英国皇家空军克伦韦尔学院（Royal Air Force College Cranwell）进行飞行员培训。学院要求每一位学生在毕业前，完成一篇设计论文，而惠特尔决定写的课题是《飞机设计的未来发展》（Future Developments in Aircraft Design），特别是在高海拔以超过500英里每小时的速度飞行。他认为，依照当时的螺旋桨飞机做渐进式改进是不可能达到这样的要求的，他提出了一种使用电动机的方案，使用常规的往复活塞式内燃机来提供压缩的空气,而燃烧产生的高温高压气体则产生推力,这种方案即今日所称的热喷射引擎。惠特尔不是第一个提出这种想法的人,他想要表明的是,这种设计特别适合于高海拔而空气稀薄的地区。

自1928年毕业后,他继续进行热喷射引擎的研究,并提出了一种新的飞机发动机概念。他希望使用涡轮来取代往复活塞式内燃机。首先吸入空气,然后将空气压缩并燃烧,最后将高速气体喷出用以驱动飞机,而另一部分气体可通过涡轮机来驱动压缩机。这种设计就是后来所称的涡轮喷气发动机。在1930年,他获得了这种发动机的专利,不过空军部门并不感兴趣。

1932年,惠特尔前往英国皇家空军亨洛基地(RAF Henlow)学习,1934年,他进入剑桥大学彼得学院,并于1936年以优异的成绩毕业。

在1935年时, 前英国皇家空军军官Rolf Dudley Williams和James Collingwood Tinling得知了惠特尔的喷气发动机专利, 和他进行接触并帮助融资,并希望他继续喷气发动机的研究工作。之后他们找到了数

【名人谈责任】

高尚、伟大的代价就是责任。尽管责任有时使人厌烦，但不履行责任，只能是懦夫，不折不扣的废物。

名投资者，并于1936年1月成立了名为Power Jets的公司，而惠特尔仍然是一个全职的英国皇家空军军官，他当时的头衔是"荣誉首席工程师和技术顾问"（Honorary Chief Engineer and Technical Consultant）。

飞机开发

1937年4月，他进行了发动机的第一次测试工作。1938年3月，测试结果已经相当令人满意。在二战爆发后，英国皇家空军开始建造喷气式飞机，这一工程进展迅速，1940年12月14日，飞机进行了第一次滑跑试验。

1941年4月11日，名为Gloster E.28/39的试验飞机成功进行了试飞。这架飞机使用 Whittle Supercharger Type W.1发动机，以煤油为燃料，推力达到3.8千牛。英国皇家空军的试飞员进行了17分钟的测试飞行，飞机的最高速度达到每小时545公里。在数天的测试后，飞机的时速达到了每小时600公里。

1942年,弗兰克·惠特尔前往美国,为通用电气的喷气发动机项目提供技术支持,参与了P-59战斗机的研发。之后,他回到英国,为劳斯莱斯公司工作。

惠特尔先后研制了多种类型的喷气发动机,性能稳步提高。英国第二次世界大战后期和战后使用的"流星"和"吸血鬼"等喷气战斗机,都是在这种飞机的基础上研制的。1944年夏,英国皇家空军以容易操纵、安全和作战性能好的双发"流星"式喷气战斗机装备了几个中队。在二战中,英国的喷气战斗机有效地打击了德军来自空中的进攻。

1948年,英王乔治六世为表彰惠特尔在航空喷气推进技术方面所做出的重大贡献,封他为爵士,并将他晋升为准将。1952年5月,英国海外航空公司的一架"彗星"喷气客机投入营运,开创了喷气客机的新时代,使英国的航空喷气推进技术一度居世界领先地位。惠特尔对世界航空技术所做的贡献将永载史册。

从淡漠到执着

在喷气推进领域,英国和美国、法国以及苏联一样,都或多或少从战败国德国那里获得过相关技术,但在后续发展上,几个国家的道路却有较大差异。英国喷气发动机的发展,某种程度上就是罗罗公司喷气推进技术的发展史,但其中却处处渗透着英国政府的努力和关注,绝不是纯粹的"公司力量"。英国"台风"战斗机使用的EJ200喷气发动机性能不俗,但一般人也许想不到,惠特尔当年研究航空喷气发动机时,却四处寻求资助无门,最困难时就连5英镑的专利延期费用都交不起。原因很简单,当时英国空军认为喷气推进是一项很多人已经研究了很久的技术,惠特尔几乎不可能在可以预见的未来取得成功。

英国的喷气推进技术研究最初也是始于个别富于创意的工程技术人

【名人谈责任】

　　每个人都被生命询问,而他只有用自己的生命才能回答此问题;只有以"负责"来答复生命。因此,"能够负责"是人类存在最重要的本质。

员——政府和工业企业几乎没有给予太多的资金和关注。涡轮机早在19世纪起就开始在工业领域应用，但现实存在的工程技术困难限制了它在飞机上的应用，直到上世纪30年代中期，人们才开始认真考虑开发航空喷气发动机的问题。

实用型工业蒸汽轮机早在19世纪末便已出现，很快便应用在海军和远洋商船上。20世纪初，工程师们开始试验燃气涡轮，但这些早期试验型涡轮机耗油率奇高无比，大概是同等的活塞发动机的4倍。把燃气轮机应用到飞机上面临着难以解决的技术问题，其中最为关键的是必须设法找到轻质耐热材料以及实现合适的压缩效率，此外还需要开发足够实用、坚固且燃油经济性较高的燃烧系统，用它来驱动涡轮和压缩机。

1926年，供职于英国范保罗的皇家飞机制造厂的科学家阿兰·格里菲斯在轴流式压缩机和涡轮组合的基础上提出了一种概念型燃气轮机，这一概念中涡轮带动的是螺旋桨叶，而不是直接依靠喷气流产生推力。格里菲斯后来又做了一些基础研究，以确定这一概念是否可行，但研究进展非常缓慢。3年后的1929年，另一个英国年轻人也开始专注于喷气推进的燃气涡轮发动机研究，他提出的概念采用了当时飞机涡轮增压器所广泛采用的离心式压气机，而不是格里菲斯提出的轴流式压气机——在当时的技术条件下，后者的概念比格里菲斯的更为可行。此人便是英国早期喷气推进技术发展的关键人物——弗兰克·惠特尔，他本人曾是皇家空军飞行员，同时也是一名工程师。

1930年，惠特尔为自己设计的离心式喷气发动机申请了专利，此后他先后找到英国航空部和几家私营企业寻求资助，均遭到拒绝——对方都认为这一设计需要长期工作，短期难以成功，英国官方也没有专用于类似超前研究的

经费支持。没有资金的惠特尔只能继续在纸面上进行自己的设计，这一时期持续了6年，直到1936年他才勉强拿到了一家私人银行的资助，成立了动力喷气有限公司，开始试制喷气发动机。1937年4月12日，惠特尔制造的第一台离心式喷气发动机首次试车，接着是第二台、第三台……直到此时，皇家空军仍然没有给予足够的重视。1937年中，为皇家空军工作且颇具影响力的亨利·蒂萨德爵士向英国政府建议，出资支持航空涡轮喷气发动机的研究。建议得到了采纳，惠特尔终于获得皇家空军的小额资金支持。1939年6月，就在纳粹入侵波兰前的几个月，惠特尔向皇家空军科研部门主任戴维·派展示了自己更为先进的台架试验原型机。后者对惠特尔的成果表现出浓厚的兴趣，在他的推动下，英国政府决定大力支持航空喷气发动机的开发。

英国航空喷气推进技术的奠基人之———弗兰克·惠特尔，他最初的喷气发动机研究几乎没有得到政府的任何支持，最困难的时候连专利费都交不起。

1939年7月，惠特尔的动力喷气公司终于得到了英国政府的订单，研制一台能用于飞行的喷气发动机——W1。战争爆发几个月后，英国格罗斯特飞机制

造公司(Gloster)也获得了政府一项协议,开发一种安装惠特尔新型发动机的飞机,即后来的格罗斯特"流星1"(Meteor)。与此同时,惠特尔的成果也深深打动了一架老牌发动机制造企业——罗尔斯—罗伊斯公司(Rolls-Royce,以下简称罗罗),1939年罗罗公司聘用了格里菲斯,开始设计轴流式喷气发动机。

惠特尔W1X离心式喷气发动机。1939年惠特尔正式拿到皇家空军的试制订单时,距离他最初的艰苦研究已经过去了整整10年。

1940年夏法国沦陷后,英国政府显著加大了航空喷气发动机的发展力度。1941年初,英国政府把惠特尔和格里菲斯的研究成果交给德·哈维兰飞机公司,要求据此开发相应的喷气发动机和飞机——其结果是诞生了"妖怪"发动机(Goblin)和"吸血鬼"喷气战斗机。至此,英国政府支持的喷气推进项目达到了5个,包括3个军用喷气发动机项目和两个喷气战斗机项目。

罗罗的喷气前传

早在活塞时代,英国就有着雄厚的航空发动机制造基础。这一基础最为重要的基石,就是罗罗公司。英国人都知道这个故事:从前英格兰有两个人,一个富一个穷。富的那个叫作查尔斯·斯图亚特·罗尔斯,出身富贵,成年后成了进口汽车销售商。至于那个穷小子,他叫弗雷德里克·亨利·罗伊斯,境遇则大大不同,10岁开始卖报,零星地受过教育,但罗伊斯顽强地求取知识,并最终在曼彻斯特开办了一家工厂,生产电动机和大型电气设备。1904年,罗伊斯制造了一台10马力(7.5千瓦)的汽车,跑起来相当不错。后来罗尔斯和罗伊斯走到了一起,罗尔斯负责销售罗伊斯工厂生产的汽车,后来两人干脆决定合伙成立公司,这就是后来闻名于世的罗尔斯—罗伊斯公司。很快罗罗公司的高品质汽车就在国际汽车业树立了崇高的声望,一举跻身著名工业公司之列。

【名人谈责任】

人生须知负责任的苦处,才能知道尽责任的乐趣。一个人若是没有热情,他将一事无成,而热情的基点正是责任心。

一战爆发后,罗罗凭借汽车制造中积累的机械经验,很快转入航空发动机制造领域,为皇家空军制造了大量航空发动机。战争结束时,罗罗的航空发动机功率已经达到了很高水平——1919年年初完成的"兀鹫"发动机,功率达到了675马力(503千瓦)。一战期间,英军使用的每10台航空发动机中,至少有6台出自罗罗之手。但随着战争结束,军方订单锐减,公司重新开始转向汽车行业。但这种情况并未持续太久。20世纪20年代中期,在费尔雷飞机公司需求的拉动下,罗罗重回航空发动机制造领域,不久即开发出"茶隼"(Kestrel)系列发动机,重建了罗罗公司在航空领域的地位。

当时风行欧洲的施奈德杯水上飞机竞速比赛刺激了罗罗航空发动机的发展。为参赛,罗罗专门开发了R型发动机,使用涡轮增压器,配用特制的高性能燃油。凭借R型发动机,英国在1929年和1931年两度夺得施奈德杯。1931年出品的R型发动机功率达到了2783马力(2075千瓦)。R型发动机预示着航空发动机的未来,但它的工作寿命很短,而且需要昂贵的特制油料。罗罗接下来开始着手开发一种功率相近但寿命更长,且使用普通航空汽油的航空发动机。

经过一番努力,罗罗在1933年推出了"默林"发动机(Merlin)。早期的"默林"46型发动机在9000米高度上功率为720马力(537千瓦),通过采

用涡轮增压器,功率提高到1020马力(761千瓦)。后来空气冷却器以及燃油喷射装置的采用,又让"默林"的功率进一步提高到1420马力(1059千瓦)。如果使用美国进口的高辛烷值航空汽油,发动机的功率可以进一步提升至2050马力(1529千瓦)。用这种方式,"默林"的功率提高到最初水平的3倍。

"默林"是二战盟军的制胜装备之一。没有"默林",就没有"喷火"和"飓风"在不列颠空战中的卓越表现;没有"默林",就没有载弹11吨的四发轰炸机"兰开斯特"。美国许可制造的"默林"还让P-51"野马"战斗机彻底夺取了欧洲战场制空权。德国空军元帅赫尔曼·戈林看到盟军轰炸机在"野马"的护航下飞临柏林上空后,告诉自己的参谋人员"战争结束了",这在某种意义上是对"默林"的褒奖。

"默林"V形12缸水冷发动机

就在罗罗技术人员们打算继续改进活塞发动机时,公司管理层开始关注惠特尔的喷气发动机概念。当时惠特尔正与罗孚公司合作制造喷气发动机,罗孚迟迟生产不出合格的零部件,惠特尔非常恼火。而对于惠特尔的抱怨,罗孚也越来越没耐心,逐渐失去了对这个项目的兴趣。1940年年初,罗罗公司涡轮增压器分部负责人斯坦利·胡克尔会见了惠特尔,不久就把惠特尔推荐给罗罗高层。当时罗罗拥有相当成熟的涡轮增压器分部,这对研制喷气发动机的压气机相当重要。罗罗同意提供重要零部件,支持该项目继续进行。1943年年初,罗孚和罗罗达成协议,罗孚将巴诺茨维克(Barnoldswick)航空发动机工厂转让给罗罗,作为交换,罗罗出让诺丁汉的坦克发动机工厂。交易达成后,罗孚向罗罗公司移交了32台W.2B/23发动机,此外还有4台W.2B/26。

惠特尔与罗罗展开合作后,斯坦利·胡克尔作为涡轮增压器分部资深设计师加入了惠特尔的技术队伍,在他的技术支持下,发动机存在的技术问题很快得到解决。罗罗决定用英国河流的名字来命名新发动机，于是W.2B/23变成了RB.23"维兰德"（Welland），而W.2B/26则变成了RB.26"德温特"（Derwent）。"维兰德"是英国第一种量产的喷气发动机，1943年投产，成为格洛斯特"流星"战斗机的动力。1944年1月12日，首架生产型"流星"Mk.1 EE210/G使用两台"维兰德"进行了首飞，和当时最为先进的活塞螺旋桨飞机相比，"流星"的性能并不算超凡脱俗。1944年5月，"流星"开始加入皇家空军第616中队服役。此时"维兰德"推力1700磅（7.6千牛），大修间隔时间为180飞行小时。与之相比，德国容克尤莫004B轴流式喷气发动机比"维兰德"服役早几个星期，推力更大，为1984磅（8.8千牛），但尤莫004B首翻期只有10～20小时。1944年7月27日，616中队的"流星"参加了截击飞往伦敦的纳粹V-1巡航导弹的战斗。在"维兰德"基础上，罗罗又改进发展出直流型燃烧室的"德温特"，这种发动机可靠性更好，推力也更大，达到2000～2400磅，逐渐取代"维兰德"成为"流星"的动力。

罗罗"维兰德"离心式喷气发动机

    1944年3月，罗罗公司开始研发推力达5000磅（22.24千牛）的"尼恩"（Nene）喷气发动机，10月首次试车成功，成为当时最为著名的喷气发动

机。罗罗早期的喷气发动机为英国带来了大笔外汇收入：1946年年末，美国海军选择"尼恩"发动机作为格鲁曼"黑豹"的动力，康涅狄格州的美国普惠公司开始许可制造"尼恩"。后期型"黑豹"使用的则是罗罗"泰伊"

——"尼恩"的后继者。此外法国、苏联和澳大利亚都先后许可生产了"尼恩";比利时和阿根廷许可制造过"德温特"。瑞典和意大利许可制造过"妖怪"和"幽灵"。

上世纪四五十年代,罗罗还有一家并不弱势的竞争对手——德·哈维兰航空发动机公司。1942年,德·哈维兰H-1"妖怪"离心式喷气发动机首次试车,次年3月5日装在格罗斯特"流星"上进行了首次飞行试验,是英国第二种飞行的喷气发动机,仅次于惠特尔W1。除了装备英国"吸血鬼"、"燕子"战斗机,"妖怪"还成为美国F-80"流星"、瑞典萨伯J21R、意大利菲亚特G.80等飞机的动力装置。1943年,就在德·哈维兰开始设计"彗星"客机时,德·哈维兰航空发动机公司也开始设计H-2"幽灵"喷气发动机,该发动机是"妖怪"的放大版,是世界上第一种投入民航运营的喷气发动机。"幽灵"先后装备德·哈维兰"毒液"(Venom)、"彗星"和瑞典萨伯J29。值得注意的是,为了弥补"幽灵"推力不足的问题,"彗星"采用了较薄的蒙皮,以减轻重量。有人认为这些蒙皮疲劳耐久性较差,是造成一系列坠毁事故的原因之一。"幽灵"50一共生产了几个版本,最后的版本是"幽灵"50 MK.4,装在"彗星"1XB上,专门用于测试新的机体结构以解决"彗星"1的疲劳问题。

50年代,德·哈维兰还设计了自己的第一台轴流式喷气发动机——"三角章"(Gyron)。"三角章"完全摆脱了"妖怪"和"幽灵"等基于惠特尔概念的离心式设计。1953年"三角章"首次试车,1955年进行飞行测试,测试中最大推力达到了18 000磅,后来改进型"三角章"加力推力达到了25000磅。"三角章"还是最早专为超声速飞行设计的发动机之一。遗憾的是,"三角章"外形尺寸太大,普通飞机难以使用,也没有批量生产,只是用于一些研究机项目,这些项目都没有转化为实用装备。1957年,英国政府在花费了370万英镑后,停止了"三角章"的开发。

【名人谈责任】

　　人类始终只提出自己能够解决的任务,因为只要仔细考察就可以发现,任务本身,只有在解决它的物质条件已经存在或者至少在形成过程中的时候,才会产生。

德·哈维兰还曾把"三角章"尺寸缩小45%，推出了"小三角章"。"小三角章"曾用于布莱克本"掠夺者"S.1，但由于动力不足，并不成功，后来"掠夺者"S.2转而采用动力更充沛的罗罗"斯贝"。采用加力装置的"小三角章"还被用在了布里斯托尔188高速研究机上。遗憾的是，这一项目也不成功，未能达到预期的高速高温试验目的。失败的重要原因之一是该发动机油耗太大，飞机虽然能够达到马赫2的高速，但限于载油量无法维持长时间飞行，也就无法对超声速机体的高温效应进行研究。其实，当时的喷气式发动机的确难以完成这样的要求，没有技术突破是不行的。1961年德·哈维兰航空发动机公司被布里斯托尔·西德利兼并，再也无力与罗罗争锋。

1945年，罗罗开始设计自己第一台轴流式喷气发动机——AJ–65"埃文"，最初由格里菲斯主持设计，1947年完成首批样机。罗罗原本希望用"埃文"取代"尼恩"，但由于一些技术问题，"埃文"一直到1950年才正式投产。首批生产型"埃文"RA3/Mk.101推力为6500磅，用于英国"堪培拉"B.2轰炸机。"埃文"发展了诸多改型，从早期的8个燃烧筒到后期的环管形燃烧室，有些"埃文"还采用了加力装置，推力增加了30%。"埃文"的生产一直进行到1974年，总产量超过11000台。埃文系列发动机引发了英国军用喷气飞机蓬勃时代，英国电气"堪培拉"、"闪电"、霍克"猎人"、超级马林"燕子"、"弯刀"F.1、德·哈维兰"流星"2/C.2/3/4、"海上雌狐"、维克斯"勇士"、费尔雷"德尔塔"FD.2都使用了"埃文"。法国客机"快帆"3/4，以及瑞典J32B以及Saab 35"龙"，也是"埃文"的用户。"埃文"甚至还发展成一种非常成功的工业燃气轮机，今天罗罗仍在销售这种外形紧凑且可靠性颇为不错的发电用燃气轮机。

英国"猎人"战斗机采用的"埃文"轴流式喷气发动机。"埃文"是罗罗第一种轴流式喷气发动机，该发动机的成功为罗罗带来了大发展的机会。

从康威到斯贝

罗罗为英国航空喷气发动机做出的另一个卓越贡献是，开发了世界上第一种投入使用的涡轮风扇发动机——RB.80"康威"。

早在喷气发动机发展初期，格里菲斯和惠特尔都曾考虑过涡轮风扇方案,但由于军方要求尽快开发实用性喷气发动机,因此这种超前的方案没能实施。随着战争结束,英国人开始重新考虑这一方案。1947年4月,罗罗确定研制推力5000磅级新概念发动机的方案。此后几个月,为满足军方"勇士"Mk.2轰炸机的动力需求,推力指标被提高到9250磅,定名为RB.80"康威"。开发过程中方案又发生了改变,技术人员决定采用当时颇为先进的双转子压缩机布局,新方案称作RCo.2,该方案采用四级低压压气机和八级别高压压气机，分别由两级低压涡轮和两级高压涡轮驱动。1950年1月,罗罗完成了RCo.2的设计,1952年7月进行首次试车,试车中推力达到了10000磅。由于此时"勇士"低空突防轰炸机方案已被取消,RCo.2也就没有了用武之地。但该设计证明涡轮风扇方案完全可行。

罗罗"康威"系列发动机率先采用了涡轮风扇概念。

1952年10月，皇家空军与维克斯签订协议，开发V-1000大型喷气战略运输机，作为V系列轰炸机的后勤支援装备。V-1000起飞重量超过100吨，要求配备更强劲的动力，于是罗罗以RCo.2为基础发展出RCo.5，1953年7月试车，1955年8月鉴定推力达到13000磅（58千牛）。但没隔多久英国空军宣布取消V-1000计划。

"康威"并没有随V-1000的夭折而沦为殉葬品，英国皇家空军决定用它装备汉德雷·佩奇"胜利者"B.2，以取代原先的阿姆斯特朗·西德利"蓝宝石"发动机。为此罗罗又发展出更大的RCo.8，推力提升到14500磅（64千牛），1956年1月首次试车，但RCo.8也没等到机会。又过了不久，加拿大TCA航空公司提出购买装备"康威"的波音707或道格拉斯DC-8，两家公司对此都很感兴趣。毫不灰心的罗罗在RCo.8基础上通过增加空气流量发展出推力16500磅（73千牛）的RCo.10和RCo.11。1957年8月9日，RCo.10在阿弗罗"火神"上进行首次飞行试验，随后RCo.11也在1959年2月20日装在"胜利者"上进行了飞行试验。

继RCo.10之后，罗罗又改进研制成功推力17150磅（76.3千牛）的RCo.12。波音对"康威"做了详细分析后认为，"康威"将使707-420的航程相对使用普惠JT4A（J75）的707-320提高8%。1956年5月起，BOAC、德国汉莎、Varig和印度航空则订购了"康威"版707，加拿大TCA航空公司、Alitalia和加拿大太平洋航空公司相继订购"康威"版DC-8。尽管性能优越，"康威"版707和DC-8总产量却十分有限，总共只有69架。其中的主要原因是，美国不会容忍如此巨大的民航动力市场被英国人所占领，在美国制造的涡轮风扇发动机特别是普惠JT3D开始交付后，波音和道格拉斯自然没有理由给罗罗更多的机会。

在RCo.12之后，罗罗继续挖掘"康威"的潜力，推出了RCo.15，经过改进的RCo.15巡航条件下的油耗降低了

【名人谈责任】

精神不是任何人的仆从。我们才是精神的仆从。我们没有别的主子。我们生存着是为了传播它的光明，捍卫它的光明，把人类中一切迷途的人们集合在它的周围。

3%，起飞状态推力提升到18500磅（82千牛）。"康威"系列的绝唱是专为维克斯VC-10开发的RCo.42——由于此时不再需要翼内安装方式，罗罗得以采用较大直径的风扇，将涵道比从25%提高到60%，进一步将推力增至20250磅（90.1千牛）。1961年3月RCo.42首次试车，这是"康威"中最成功的型号，装备了所有的VC-10（后期某些型号采用了RCo.43）。

　　"康威"更像一颗流星，虽然只在上世纪50年代末到60年代初短暂使用，但它划过夜幕的光芒却在航空动力领域永不泯灭。"康威"更为深远的意义，是为罗罗积累了涡轮风扇发动机设计的宝贵经验。

　　"康威"虽然力量十足，但对于法国"快帆"、BAC 111以及霍克-西德利（Hawker Siddeley）"三叉戟"这些飞机而言，"康威"尺寸实在太大。于是

罗罗公司以"康威"为基础开发出一种外形更小的航空发动机,这就是RB.163"斯贝"。"斯贝"采用和"康威"相同的双转子布局和较小的涵道比。1964年,首批商用RB.163投入使用,成为BAC 111和"三叉戟"的动力。采用"斯贝"作为动力的民航客机一直服役到上世纪80年代,最后随着欧洲机场执行了新的噪音限定标准,"斯贝"才逐渐淡出历史舞台。

上世纪50年代末,苏联开始开发新系列大型巡洋舰,英国皇家海军感到自己受到了威胁,英国决定开发一种性能优异的新型攻击机,以保证对苏联舰艇的空中优势。经过角逐,布莱克本公司的"掠夺者"方案胜出。该设计强调低空性能,能有效规避敌方舰艇雷达搜索。"掠夺者"S.1战斗机最初使用德·哈维兰的"小三角章"涡喷发动机,动力不足。为解决这一问题,罗罗开发了军用型RB.168"斯贝"。采用RB.168的"掠夺者"S.2性能大大改善,一直服役到上世纪90年代。"斯贝"发动机是英国航空发动机发展史上的里程碑,创造了令人称赞的安全纪录,累计飞行小时数超过5000万,大修间隔时间达10000小时,极大降低了维护成本,也是该发动机长时间服役的重要原因。除"掠夺者"外,"斯贝"还装备了霍克·西德利"猎迷",意大利菲亚特艾维欧也许可生产了"斯贝",用于装备AMX多用途飞机,美国艾利森还许可制造了"斯贝",用于装备美国空军的A-7D"海

盗"和海军的A-7E"海盗"，称为TF41。中国也曾引进"斯贝"许可生产，称作涡扇9"秦岭"。在"斯贝"核心机基础上，通过换装更大的风扇，罗罗还发展出"泰伊"，满足了航空业对10000～15000磅推力发动机的需要。

"斯贝"甚至还发展成为海军船用涡轴发动机，装备了许多英军舰船。

罗罗"斯贝"涡扇发动机，该发动机是"康威"的发展型。

德·哈维兰上世纪50年代推出的"小三角章"轴流式喷气发动机，该产品动力不足，无法和罗罗"斯贝"相抗衡，间接导致了德·哈维兰航空动力的衰败。

否极泰来的RB.211

1966年，洛克希德和道格拉斯分别设计了L-1011"三星"和DC-10三发客机，这两种飞机都拥有跨洲航程，采用双通道宽体设计，可载客约300人。作为竞争对手的L-1011和DC-10都需要新型发动机。当时高涵道比概念已经出现，和早期的低涵道比发动机相比，高涵道比涡扇发动机具有更

大的推力和更好的燃油经济性，噪音也更低。1967年6月23日，应洛克希德要求，罗罗提交了RB211-06发动机方案，其推力为33260磅，采用大功率高涵道比设计和三转子构型，风扇叶片由碳纤维材料制成，显著减轻了重量，提高了推重比。罗

罗计划在1975年让RB211-06服役,但这一承诺对于有着如此众多高新技术的发动机而言,显然过于冒险。

有趣的是,道格拉斯也找到罗罗要求为其DC-10提供发动机,1967年10月罗罗提交了推力35400磅的RB211-10方案。随后洛克希德、道格拉斯、罗罗、通用电气以及普惠之间展开了密切磋商,新发动机的价格被压了下来,而推力指标却一再提高。1968年年初,罗罗提交了推力40600磅的RB211-18方案。最后在3月29日,洛克希德宣布向罗罗订购150架份发动机,称作RB211-22。

RB211复杂的结构要求进行长期的开发和测试。1969年秋,罗罗竭力试图实现预定的性能指标,但测试中发动机推力不足,重量超重,油耗又太高。1970年5月,在进行撞击试验时,新型的碳纤维风扇竟然被撞成了碎片!罗罗一直在开发钛合金风扇叶片作为保险措施,但这意味着更高的成本和更大的重量。研究中人们发现钛合金坯料的金相方向性对于叶片加工工艺提出了苛刻的要求,这个问题在当时解决起来相当困难。1970年9月,RB211的研制费用已经攀升到1.7亿英镑——比原先估计的数字增加了一倍,整个研制工作陷入危机。到1971年1月,严重超支的RB211项目把罗罗拖进了财务困境,资金链断裂的窘境迫使罗罗宣布破产。英国政府不能坐视这个老牌喷气发动机企业消亡,鉴于RB211属于技术超前的战略项目,希斯领导的保守党政府于2月4日接管罗罗公司,并积极支持RB211完成研制。

考虑到洛克希德公司的经营状况也不乐观,英国政府要求美国政府提供银行贷款担保,以支持洛克希德完成L-1011。尽管遭到不少反对,美国政府还是顶住压力通过了2.5亿美元贷款担保提案。1971年5月,新的罗罗有限公司成立,不久即同洛克希德签署了新协议。这份修改过的协议取

> **【名人谈愿望】**
>
> 每一个有良好愿望的人的责任,就是要尽其所能,在他自己的小天地里做坚定的努力,使纯粹人性的教义,成为一种有生命的力量。如果他们在这方面,做了一番忠诚的努力,而没有被他同时代的人践踏在脚下,那么,他可以认为他自己和他个人处的社会都是幸福的了。

消了延迟交付的惩罚条款,同时将每台RB211的售价提高了11万英镑,达到34万英镑。新罗罗还把已经退休的元老级专家胡克尔（就是当年解决"维兰德"和"德温特"技术问题的那位)请回公司,让他领导一个退休技术人员团队,共同解决RB211-22棘手的技术问题。几经努力,RB211终于在1972年4月通过认可——尽管比计划延迟了一年。1972年4月26,首架"三星"进入东方航空公司服役,而胡克尔也由于在解决棘手技术问题中的卓越成绩,在1974年被授予骑士头衔。

RB211系列发动机蕴藏着巨大的潜力,通过重新设计风扇和低压压气机,罗罗成功推出了RB211-524,推力提升到50000磅,可用于L-1011新改型和波音747上。整个60年代,罗罗一直试图让RB211打入波音,但未获成功。现在RB211-524与波音原定作为747动力的普惠JT9D相比,性能更好且更省油,波音当然不会置之不理。1973年10月,波音选定RB211-524作为波音747-200的动力,而英国航空公司也不失时机地成为第一个购买使用RB211-524的747-200的航空公司。罗罗此后又相继推出了RB211-524C(推力51500磅)和RB211-524D(53000磅),客户群也越来越大:澳洲航空、国泰太平洋航空、卢森堡国际货运航空以及南非航空等公司都用上了RB211。为了满足波音747-400的要求,罗罗还开发出推力高达58000磅的RB211-524G,随后又在RB211-524H上把推力进一步提升到60600磅。更为令人关注的是,它还是第一种采用全权限数字式电控技术的RB211发动机。RB211-524H还成为波音767第三种选择动力方案,1990年首台RB211-524H进入英航服役。

RB211的故事似乎本应到此结束。数年后当罗罗开发出后继型"遄达"发动机时,人们发现将遄达700的改进型高压系统装上RB211-524G/H上,可以降低发动机的重量和油耗,同时减少废气排放,由此产生了RB211-524G-T和RB211-524H-T。

20世纪70年代中期,波音考虑开发一种新型双发飞机,替代已经非常成功的727。新机载客量要从原来的150人增加到200人，即后来的757。而罗罗则将RB211的风扇直径减小，取消第一级压气机，成为推力37400磅的新型发动机，定名为RB211-535。1978年8月，美国东方航空公司和英航宣布采购安装RB211-535的波音757。1983年1月，RB211-535C开始服役，这一时刻对罗罗意义非凡——这是罗罗首次作为第一动力方案进入波音。

1979年，波音要求罗罗为757提供更省油的发动机，罗罗再次以RB211-524核心机为基础，开发出推力40100磅的RB211-535E4，于1984年10月投入使用。RB211-535E4是第一种采用宽弦风扇叶片的发动机，降低了油耗和噪音，具有良好的可靠性，更能耐受外来异物的撞击。除了少量生产型波音757采用RB211-535C，大部分757均采用RB211-535E4。1988年5月，美国航空宣布订购50架使用RB211-535E4的波音757——这是自"三星"之后罗罗首次从美国航空公司接到大宗订单，这笔订单奠定了RB211-535E4在波音757动力市场上的统治地位。继波音757之后，俄罗斯图-204-120也选择了RB211-535E4，1992年开始服役，这是俄罗斯民航机首次采用西方发动机。

早在开发RB211-22的时候，罗罗就意识到它可以成为陆上发电机用动力。1974年，罗罗推出了工业用RB211。不久后又以RB211-524为基础开发出新型工业发电机组RB211-24。罗罗始终坚持持续改进RB211系列工业发电机组，今天RB211系列工业发电机仍然占据着重要的市场地位，其装机容量为25.3～32MW。

英国和许多其他国家的近海油气钻井平台，大多使用RB211作为电力来源。除了工业发电，RB211经过改进还发展出WR-21船用燃气轮机，用于驱动45型驱逐舰。

虽然RB211把罗罗折腾到破产，但这呕心沥血的经验却没白费。RB211的三转子涡扇发动机技术，后来被罗罗用在了RB199发动机上，成为"狂风"战斗机的动力。RB199于1972年首次飞行试验，具有外形紧凑、推重比较高、操纵特性较好和油耗较低等特点。自服役至今，RB199已累计飞行超过500万小时，赢得了广泛好评。就连最初的两架"台风"原型机在飞行测试中也使用了RB199作为动力，这种情况一直持续到EJ200交付。

上世纪90年代，RB211被更新的"遄达"系列所超越，"遄达"系列也是RB211设计概念的进一步发展，后来成为波音747、757、767，俄罗斯图-204以及波音787和空客A380的动力系统。今天世界上一半的客机都在使用"遄达"系列，如此巨大的成功，却都植根于当年"灾难性"的RB211。

跬步与千里

罗罗每一台经典喷气发动机，都是在以往发动机研制经验基础上的一次超越。没有多年的涡轮增压器设计经验，就没有稳定可靠的"维兰德"和"德温特"；没有上世纪60年代开发"飞马"发动机的艰难经历，就没有今天F-35发动机上的罗罗高性能升力系统；没有RB211研制的艰苦卓绝，就没有后来的RB.199；没有短命的"康威"，就没有长寿的"斯贝"。除了立足自身研究，罗罗还注意通过购并获得更多的技术支持，先后兼并了罗孚航空发动机工厂和布里斯托尔-西德利公司，前一次兼并让罗罗得到了"维兰德"和"德温特"的设计资料和样机，后一次兼并则让罗罗拿到了"奥林匹斯"和"飞马"的技术。罗罗就像一棵苗壮的大树，不断从周围的土壤中汲取养分，逐渐长成英国航空喷气推进技术的栋梁。罗罗还注意广泛开展国际合作,"奥林匹斯"593、RB199、EJ200等项目都进行了国际合作,但核心试验机全部都是英国研制的,核心技术也掌握在罗罗手中。

瞄准市场,不断设定更高的目标,应对最艰巨的挑战,并甘心为此付出最大限度的努力,这似乎就是英国经验的全部。有人曾用"百炼成钢"这样的词汇总结罗罗的喷气发动机研发历程,其实这又何尝不是英国喷气技术发展史的高度浓缩?

推重比超过9的罗罗EJ200军用涡扇发动机,该发动机研制工作始于1984年的XG-40演示发动机项目,经费由英国政府承担85%,其余部分由罗罗自筹。

第四章　英国王牌飞行员的殿堂

　　克兰韦尔军学院是世界上第一所军事航空学院，历史上在该学院毕业的学生中有不少杰出的空军军官。英国航空工程师惠特尔、"无腿飞将军"道格拉斯·巴德、约旦国王侯赛因·伊本·塔拉勒等都是从该学院毕业的。

第一课 "无腿飞将军"道格拉斯·巴德

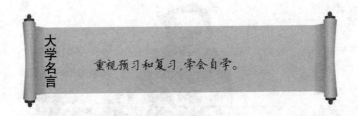

大学名言

重视预习和复习,学会自学。

道格拉斯·巴德(Bader Sir Douglas Robert Steuart 1910—1982),英国皇家空军少校,1931年在一次飞行表演中痛失双腿,然而二战打响后,他装上假肢继续驾机作战,总共击落22架纳粹敌机。1941年8月,巴德的战机被德军炮火击中后坠落起火。当他被德军俘虏时,后者才震惊地发现,这位英军王牌飞行员居然是名"无腿飞将军"。但他在战争中所起的作用远远超过这个含糊不清的戏剧性名声。他是空军大联队争论中的主要人物,这有助于导致休·道丁爵士的调动。

生平

巴德1910年2月21日出生于伦敦,是杰西与弗雷德里克·罗伯茨·巴德的次子。1927年,17岁的巴德报名加入空军。1928年至1930年先后就学于圣爱德华兹公学和克兰

【名人谈愿望】

读书是最好的学习。追随伟大人物的思想,是最富有趣味的一门科学。

韦尔皇家空军飞行学院，以优异的成绩毕业，成为战斗机驾驶员。被授予军衔并派往肯利机场第23飞行中队。

1931年12月14日，年轻气盛的巴德驾驶着一架"斗牛犬"型战斗机超低空高速穿越机场，并做了个低空翻滚。由于他飞得太低了，飞机的左翼擦上了地面，随即失控在跑道上翻滚起来。这次事故让巴德失去了双腿。经历了漫长痛苦的恢复过程后，巴德学会了用假腿走路。但是，1933年4月，他还是收到了空军的退役通知，享受伤残抚恤金。

1939年9月二战爆发后，巴德向英国皇家空军提出重返空军的要求。经过一系列严格考核，他重新服役，但他拒绝做办公室工作，他证明他可

以飞行，1940年2月，他加入了位于英格兰达克斯福德镇的第19中队，随后被任命为第222中队的指挥官。同年6月，第222中队和其他飞行中队一起执行掩护敦刻尔克大撤退的任务。在飞越敦刻尔克时，巴德发现4架德国空军的Me-109s正在逼近自己。

【名人谈成熟】

成熟的男人不会陪着你疯狂，也不会陪着你沉默。他只是在你需要时出现，在你厌恶时消失。嫁给成熟的男人等于买了一份保险。

于是他立即开火，随着机翼上的炮火轰然喷射，一架Me-109s化成了一团火焰——巴德平生第一次击落敌机。同年9月15日，著名的伦敦空战拉开序幕，巴德的队伍配合其他部队，一举击溃了德国空军的进攻。在随后的战斗中，巴德的部队共击落152架德国飞机，自己只损失了30架——这是一个令人难以置信的成绩。据统计，在二次大战中，巴德亲自击落的德军飞机多达22架。

1941年8月9日，巴德带领他的机群飞越法国上空时，他的战机与一架Me-109s相撞坠落起火。巴德从飞机残骸里挣扎了出来，却把右侧假肢掉在了飞机里。随后他被德军俘虏。德国人震惊地发现，这个令他们如此畏惧的英军王牌飞行员竟是一位"无腿飞将军"。于是，二战中出现史无前例的一幕：德国战斗机总监、王牌飞行员阿道夫·加兰德下令专门开辟一条安全通道，通知英国空军，让后者将巴德急需的替换假肢空投过来。

1941年8月至1945年4月14日，他在德军的几个俘房营里被囚禁了将近4年，后在科尔迪兹（莱比锡）附近被美国先遣队解救。获得自由的巴德立刻冲到巴黎，要求驾机参加最后的战争，但是被拒绝了。二战结束后，巴德被授予了英国军队的最高荣誉——维多利亚十字勋章，1945年9月15日，英国为5年前那场被丘吉尔称为"不列颠之战"的空战举行了盛大纪念活动，巴德率领300架飞机呼啸着飞过伦敦上空。在他的下方，无数的英国人挥舞着鲜花，向这位传奇英雄致敬。

1946年巴德退出空军，到荷兰皇家壳牌集团任飞行员。后任壳牌飞

【名人谈成熟】

所谓成长，就是去接受任何在生命中发生的状况。即使是不幸的，不好的，也要去面对它、解决它，使伤害减至最低。所谓的成长，所谓的智能，所谓的成熟，都不过如此。

机有限公司总经理。1969年退休。1976年受封爵士。卒于1982年9月4日。

巴德是一位杰出的飞行员，也是一位优秀的战斗机指挥官。他勇敢顽强，敢作敢为，是英国的英雄，也颇为德国空军所敬重，美国好莱坞以他为原型，1956年拍出经典影片《翱翔蓝天》。

二战结束后，从战俘营获释的巴德被视作民族英雄。日前，一位巴德的超级"粉丝"以115000英镑的天价买下了前者那条传奇假肢，以留作永久纪念。

双腿被截退出空军

1910年2月10日，道格拉斯·巴德出生在伦敦。

1927年，17岁的巴德报名加入空军。1930年，巴德从著名的克兰韦尔军学院毕业后，被授予军衔并派往肯利机场第23飞行中队。

1931年12月14日，年轻气盛的巴德驾驶着一架"斗牛犬"型战斗机超低空高速穿越机场，并做了个低空翻滚。由于他飞得太低了，飞机的左翼擦上了地面，随即失控在跑道上翻滚起来。这次事故让巴德失去了双腿。经历了漫长痛苦的恢复过程后，巴德学会了用假腿走路。但是，1933年4月，他还是收到了空军的退役通知。几星期后，他离开心爱的飞机。

在退役后的6年时间里，巴德在一家公司做着办公室工作。1935年，他幸运地娶到了全心全意爱他的妻子塞尔玛·爱德华兹。

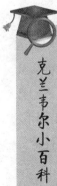

克兰韦尔小百科

在恶劣气象条件下的机动和战术训练，也是学院训练的重点。近年来，英国皇家空军参加境外的演习和执行境外的任务不断增多，就是在国内，每年也要组织2~3次全军范围内的军事演习。每一道作战命令，对出动的机种、机型和起飞时间都十分明确，"不会因为不断变化的气象而改变"。有时在飞行训练时，云底只有300米，并伴有阵雨，但飞行学员的战机仍编队起飞进行训练。

第二课　勇猛无畏的罗伯特·塔克

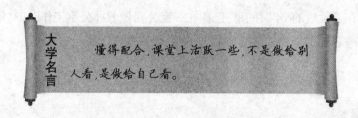

大学名言　懂得配合,课堂上活跃一些,不是做给别人看,是做给自己看。

罗伯特·斯坦福·塔克(Robert Stanford Tuck 1916—1987),外号"幸运塔克",犹太人,英联邦二战排名第八的战斗机飞行员,战绩是29个确认战果和8个未定战果。他是一位杰出的特技飞行员和优秀的射击手,人们常可看见他把手伸在口袋里抚弄一枚被德国子弹打得变形的一便士硬币。他在1942年1月的一次低空突击过程中被德军击落,后来一直在战俘营等到战争结束。

幸运塔克

他在二战期间征战于英国皇家空军麾下,他是一位极具魅力的尖子飞行员。在空中以勇猛无畏而闻名,在地面上又以善待战友而著称。显而易见的是,塔克的战斗生涯与幸运相伴——曾经被击伤、曾经被打爆座机、曾经仓皇跳伞、曾经漂流英吉利海峡、曾经被俘……但坏运气似乎都只与他擦肩而过,最终还是有惊无险。无怪乎,皇家空军战友们都以他的姓氏为谐音,略带羡慕地戏称他为"幸运塔克"。

1916年7月1日,塔克出生于伦敦地区的一个犹太人家庭。在接受了基本教育之后,1932年,16岁的塔克加入了皇家海军的商船队,开始了自己短暂的海军服役期。

按说能够加盟英国皇家海军这个传统海上霸主,似乎应该是一件令人自豪的事,但实际上塔克感受到的更多是无聊——供职的并非威武的战列舰,而是名为"马可尼"号的海军冷冻物资船。于是,在货船出海航行的时光,人们经常可以看到一名年轻水手倚在栏杆上,架着一支传统的李·恩菲尔德步枪,朝着目力所及的鲨鱼群射击,他就是塔克。

因此,当塔克无意间从1935年9月的报纸上看到一则广告时,立即被彻底吸引住了。那则广告写道:"和皇家空军一同飞翔吧!"在那一年,英国皇家空军还只是一个规模相对较小的军事组织——当然,这在一定程度

上是由于皇家空军奉行极严格的选拔制度,造成的局面就是"应征者众,通过者少"。

不过,"幸运塔克"从此开始显现"神迹",他顺利地通过了书面测试、严格体检以及5名军官主持的面试。报名应征两周之后,塔克接到了一封发自英国航空部的公函:你已获准进行飞行训练。

兴高采烈的塔克赶赴第三飞行训练学校报到,然后便开始在阿芙洛"教师"双座教练机上接受培训。当年10月24日,塔克完成一次历时15分钟的出色飞行以及随后的平稳降落,打动了教官,从而获准在几分钟后再次飞上蓝天——这是他的第一次单飞。

1936年8月,学成毕业的塔克被分配到皇家空军第65战斗机中队,在那里得到了自己的第一架战斗机:由格洛斯特公司制造的"角斗士"双翼战斗机。在接下来的两年岁月里,凭借着爱冒险的天性和强烈的自尊心,塔克逐渐形成了大胆无畏的飞行风格,并被中队长评价为"中队里最出色的飞行员"。

大难不死有后福

就在这一帆风顺的发展过程中,危机在1938年1月18日悄然来临。

那天,第65战斗机中队派出一个三机编队进行例行飞行,当这3架"角斗士"飞到900米高度时,突然遭遇一阵乱流的强烈袭击。由于编队内三机的距离太近,不幸的事情发生了,它们瞬间撞到一起,塔克座机的螺旋桨猛地切进了另一架"角斗士"的座舱,造成战友加斯克尔当场身亡!塔克的座机则是机翼当即折断,一头撞向地面,虽然勉强跳伞成功,但他的面部仍被翼间拉索严重划伤,从此在脸上留下了一道永久的疤痕。

这当然是一次不幸,但塔克还是比较幸运的,他在医院里顽强地活了下来,重上蓝天。而这次事故对于塔克的意义在于,迫使他从心理上改变了飞行风格:依然保持着那股勇猛的劲头不变,但却不会采取不必要的冒险了。他这样对友人说:"在不可预料的事故面前,优秀飞行员和菜鸟的伤亡概率是一样的。"

　　同年9月，大难不死的塔克晋升中尉。3个月后，他被选中接受英国皇家空军最新式的"喷火"式战斗机的训练。那是完全不同于"角斗士"的强悍战机，塔克一接触"喷火"便深深地爱上了它。等到塔克于1939年1月9日返回原中队时，已经名列皇家空军第一批合格的"喷火"飞行员之中。

　　二战烽火在几个月后正式点燃，然而出于种种原因，塔克和同中队的战友们却迟迟未能获得上阵机会。直到德军全面入侵西线前夕的5月1日，塔克才奉命转调全面换装"喷火"的第92中队，担任小队长。但直到23日，这个中队才和另外3个"喷火"中队一道赶赴敦刻尔克上空作战，而此时英国远征军正全力以赴进行著名的海上生死大逃亡！

　　虽然来得迟，却不妨碍塔克旗开得胜。这天上午10点30分，他同战友一道升空巡逻，迅速编成了紧密的V字形编队。事实上，塔克不喜欢这种紧密的阵形——战机之间的距离太近，以致他能看清楚友机飞行员的面

容，这不由得令他记起那次悲惨的撞机经历。不过，当德军的Bf109出现时，塔克心中的阴影被迅速驱散，立即迎上去战斗。

很快，塔克咬住了1架敌机，在逼近至450米距离时，"喷火"的8挺7.7毫米航空机枪全力开火。随着火舌直窜而出，敌机右翼重伤，那架德国Bf109很快被打得进入失速螺旋，拖烟下坠了。塔克驾机穿越云层，紧紧注视着目标的坠毁全过程，这毕竟是他的第一个空战战果，据说这样眼观全程能给他带来"极大的满足"。

不同寻常的勇气

继5月23日上午首开记录之后，塔克在当天下午再度上阵，第二次杀向敦刻尔克上空。这次的来敌是德国双发战斗机Bf110，而且数量多达30架，不过"喷火"飞行员们毫无惧色，迎面冲上。塔克很快就击落了1架Bf110，而在攻击第二架时有点惊险，差点就和目标相撞。之后，塔克紧紧咬住了这架敌机的机尾，穷击不舍，二者不断降低高度，一度达到掠过屋

顶的程度。一番惊险飙速之后，那架德国Bf110终于支持不住，机毁人亡，塔克则按惯例盘旋着察看敌机情况，却险些被高压电线缠上。在上阵的第一天就打下3架敌机，接着全身而退，塔克可谓赢得了非同寻常的成功。同一天，他所在的中队却损失了5名飞行员，其中就包括中队长布谢尔坠地被俘。显然，塔克又被幸运女神眷顾了。

这样一来，塔克成了中队里军阶排位第二的人，次日就要担负起第92中队临时中队长的职责。很快，战友们就感受到了新领导的风格，塔克上午带队出发时，改用了一种较松散的编队，这并不是因为塔克对于紧密队形存在"心灵阴影"，而是他觉得，"我们中规中矩的编队战术，在面对更富经验的Bf109飞行员时，其实全无用处……"。

接近敦刻尔克时，塔克第一个看到了德军机群，那是约20架Do17轰炸机，旁边是负责护卫的Bf110。随行的一个英国皇家空军"飓风"中队扑向Bf110，塔克则带着"喷火"冲向Do17。他在350米的距离上弹无虚发，相继打下了2架德国轰炸机。就这样，在24小时之内，塔克连续取得5个空战战果，一举成为王牌飞行员。

时光进入6月，王牌飞行员塔克奉命前往英格兰南部的范恩堡，职责是检视1架刚缴获的Bf109E战斗机，接着驾驶这架敌机和"喷火"进行了实战模拟对抗。在提交书面报告里，塔克承认："Bf109无疑极其令人愉悦，虽然不如'喷火'那么灵活……但是飞得更快，整体性能更出众。"塔克还将这次模拟对抗视作一段宝贵的经历，"当你坐在敌人的座舱里时，是有助于你从中摸索出对付它的办法的。"

还是这个月，另一份特殊的幸运眷顾了塔克。鉴于其出色表现，塔克在6月11日获颁优异飞行十字勋章。17天之后，他从英王乔治六世的手中接过勋章和颁奖令，颁奖令上写着："在5月的激战中，该军官表现出了不同寻常的勇气。"

【名人谈成熟】

　　如果人只是为了自己而劳动，他也许能成为有名的学者、绝顶的聪明人、出色的诗人，但他绝不可能成为真正的完人和伟人。

不列颠上空成名

　　塔克的成功在7月和8月的不列颠上空得到延续，他的中队加入了驻扎英格兰东南部的第11战斗机大队，本人则在8月13日打下了1架德国Ju88A轰炸机，14日又打下2架。

　　4天之后，塔克前往位于伦敦东南的诺索特机场拜访友人。此行恰逢德军前来空袭，身为客人的塔克却拒绝进入防空掩体，而是"借"来1架飞机，升空后从容打下1架德国轰炸机。不过，他的座机也被敌机"狠狠地击中"——先是油箱部位中弹，接着螺旋桨叶被打断，不得已，他在距地面仅150米高才弃机跳伞，伞包几乎在着地的一刹那才打开。住在塔克降落点附近的康利沃斯爵士闻讯赶来，欣然邀他在归队前共进了下午茶。

　　到了8月25日，塔克带领一个小队前往英吉利海峡，救援一艘正在遭受空袭的货船。结果在距英国海岸线25千米的海面上，塔克成功地将1架

Do17轰炸机打落坠海,不过他的"喷火"座机随即陷入了发动机熄火的险境。

好运气再一次笼罩塔克,驾驶着这架无动力的"喷火",塔克仅凭滑翔就成功地飞回英国上空。在迫降过程中,这架"喷火"朝着一堵坚固的石墙直冲过去,最后就在即将撞上的时候,安全地停在了草地上。

这次冒险也是塔克在第92中队的最后一次出击。9月11日,正值不列颠之战的高潮期间,塔克晋升上尉,调任第257中队代理中队长。对于塔克来说,这次任命带给他两点不适应:其一,装备不得不换成"飓风"战斗机;其二,第257中队在过去一段时间里损失惨重,以致士气低落。

12日一大早,塔克就驾着1架"飓风"升空,希望能早日熟悉这种机型。不过对于这位飞行"喷火"超过1000小时的王牌飞行员而言,这次经历并不美妙。"我的第一印象非常不好。"塔克后来自述道,"在飞过'喷火'之后,'飓风'给我的感觉有如空中的砖块,或者说,是一匹笨重的农场种马。一想到不得不驾驶这种东西去追赶Bf109,就简直让我心碎。"不过,这只是最初的印象,经过多次试飞,塔克也逐渐发现了"飓风"的优点,那就是稳定性好且易于操纵,抗击打能力也相对较强,"用它来打轰炸机,还是一个不错的选择。"

也是从12日开始,塔克全力以赴地开始训练新中队的属下,希望在最短的时间内恢复他们的自信和士气。白天,塔克让部下们进行高强度的模拟对抗演练;晚上,塔克利用德国飞机的模型,详细讲解它们的射击盲区和本方恰当的攻击战术。

塔克的努力没有白费,几天之后,整体焕然一新的第257中队出现了。高兴的塔克立即通知上司第11大队:本中队已经做好战斗准备,随时听候调遣。调遣令随之而来:9月15日,塔克率全中队飞赴伦敦以北空域,同另外两个"飓风"中队(第17和第73中队)合编成一个联队,在他的统一指挥下作战。结果就在15日下午,这

【名人谈成熟】

　　要使民族自立于世界之林,就要自己看得起自己。人生的光荣,不在永不失败,而在于能够屡仆屡起。

个"飓风"联队便遭遇了由He111、Ju88、Bf109、Bf110混编成的德国机群，一场大混战开始了。

当时英军是从比敌机更低的不利位置发起攻击，塔克便毫不迟疑地选择爬升，在这个过程中，Bf109不断居高临下地射击，塔克却仍然毫无顾忌地继续"钻升"，其目的只有一个——尽量节约弹药，重点对付轰炸机。在接下来的交战中，塔克如愿以偿，打下2架敌机。降落后，他似乎忘掉了爬升过程中的惊险，对前来祝贺的战友们说："这没什么，只是我走运而已。"

塔克确实经常走运，但空战不可能仅靠运气，当时伦敦一份报纸的评价可谓中肯："面对不时而至的死神，他并不是仅靠蛮勇作战，而是始终与冷静、精准和高超技巧为伴。"

新飞机和新任务

新年到来之际，又有新的荣誉在等着塔克。1941年1月28日，塔克获颁优异服务勋章，这是英国勋奖体系中仅次于维多利亚十字勋章的崇高表彰。作为对这份荣誉的回报，战至当年3月，塔克的空中战果已经达到了22个。

之后，第257中队开始换装，原先的"飓风"Mk I型被Mk IIC型取代，二者的最大差别在于机载武器，后者由8挺机枪升级为4门20毫米机炮。对于是否采用20毫米机炮取代机枪，当时在皇家空军中还存有较大争议，塔克则坚定地站在了力主换装一派，因此他的中队成为最早装备机炮版"飓风"的少数几个中队之一。从6月开始，塔克的中队加入到对西欧北部（即法国、比利时、荷兰）空域的袭扰性出击，以积极主动的表现证明，"飓风"选择机炮是明智之举。

【名人谈成熟】

不曾做过一番事业的人，不足以成为一个良好的顾问。她们把自己恋爱作为终极目标，有了爱人便什么都不要了，对社会做不了贡献，人生价值最少。

不过在6月21日，塔克又面临危机：座机在英格兰东海岸外被3架Bf109追杀。其中第一架Bf109在抢先射击后,因失误飞到塔克的"飓风"前方,被塔克一举击落入海。接着第二架德国战机从"飓风"下方掠过,塔克当即俯冲追击,最后在距海面不足20米的高度上开动机炮短促急射,成功命中。

正当塔克拉起机头,从第二架敌机坠海所激起的水雾中穿出时,第三架Bf-109从左侧直冲过来,击中了塔克座机的机头。塔克立即勇猛还击,同样击伤了这架敌机,迫其离开,不过他也只能选择跳伞了——这时座机已经成了一团火球!塔克依靠贴身的救生衣,在英吉利海峡里漂流了两个小时,之后被路过的驳船救起。

幸运女神再次眷顾了塔克,不过他的一位亲人却无此运气。在海峡获救后不久,塔克驾机拦截1架落单的德国轰炸机,在他的"飓风"不断开火之下,那架德机没飞到目的地就在野外匆忙扔掉炸弹。这本来是一次成功的拦截,只可惜炸弹落下的地方刚刚搭建了英军新兵训练营,里面有一名受训者被炸身亡,而他正是塔克的姐夫。

到了7月,塔克不得不跟第257中队说再见,上级对他另有任用。第257中队的下属们都对塔克依依不舍,不仅是飞行员们,还包括历来被认为低人一等的地勤人员。一位勤务人员就这样说:"他从来都给予我们同等的尊重。"

【名人谈成熟】

假如人只能自己单独生活,只去考虑自己,他的痛苦将是难以忍受的。

塔克的新职务是杜克斯福德联队的指挥官,手下有3个中队:驾驶美制P-39"空中眼镜蛇"战斗机的第601中队、驾驶"台风"Mk IA型战斗轰炸机的第56中队、驾驶"喷火"Mk V型的第12中队。联队的任务不变,还是深入欧陆上空,挑战德国空军。

3个中队的装备差异较大,自然导致彼此的飞行速度和爬升性能不同。为了熟悉各种机型,已经晋升为少校的塔克也飞了一段时间的"台风"和"空中眼镜蛇",感觉"台风"更出色一些。当然,最后他为自己挑选的座机还是"喷火",这让这位成名于"喷火"的王牌飞行员有了"回家"的感觉。当解释为什么挑选"喷火"时,塔克兴奋地对第12中队的飞行员们说:"飞得更快,爬得更高,对操纵响应也更及时!"

另一项新任务在10月交给塔克,不过这次不是打仗,而是讲话。原来,为了从美国争取到更多援助,英国皇家空军派出一个代表团赴美巡回演

讲,希望赢得这个英语国家的共鸣,王牌飞行员塔克就是代表团一员。这次美国之行持续到年底,从成效来看,塔克在另一个"战场"也收获了成功。

最后一次出击

回国之后,塔克马不停蹄地赶往皇家空军比金山基地,接手驻扎在那里的新联队。这次他指挥的兵力增加到4个中队:第72、第91、第124和第401中队,清一色装备"喷火",这自然令他非常满意。1942年1月28日,恰好是塔克

获得优异服务勋章一周年之际，他驾机从比金山基地飞赴欧陆上空，执行常规袭扰任务。谁都没想到，这是他在二战期间最后一次出击。那是一次双机行动，塔克带着僚机低空飞越英吉利海峡，成功地避开了德国雷达探测，深入法国海岸线之内，目标则是内陆一处蒸馏厂。两架"喷火"很快来到目标上空，把厂区打得爆炸起火。完成任务后，塔克他们继续沿着一条公路边飞边打，一路扫射了卡车、高压电线杆等一切能看到的有价值目标。突然，塔克发现了一处交叉的铁路，一座城市的轮廓逐渐出现在前方，他判断那是布伦港，而且周边密布着防空火力。

塔克原本打算返航，但又发现城郊铁路上停着静止的火车头，这可是相当有诱惑力的目标！他发起了攻击，很快将火车头打爆，激起了冲天的蒸汽，而就在塔克驾机从这片蒸汽烟云里拉出时，却遭到埋伏在附近的德军20毫米高炮的交叉射击，"喷火"的发动机瞬间就被命中，喷射出的油污溅满了座舱风挡。由于高度太低而无法跳伞，塔克只得奋力拉开座舱罩，勉强找到一片空地，实施了迫降。

德国士兵蜂拥而来，本想暴打塔克一顿，但塔克再次被幸运笼罩。原来，在"喷火"此前的攻击中，地面上1门20毫米高炮的炮管恰好被射进了1发来自"喷火"的同口径炮弹，结果炮管爆裂成香蕉般的模样。德国人以为那是塔克有意为之，便在一片"枪法这么好的汤米（英国大兵）"的赞叹声中，礼貌地把他带走了。

英国王牌飞行员塔克被俘的消息，很快惊动了将指挥部设在附近的一位德国空军军官，那就是声名显赫的王牌飞行员阿道夫·加兰德上校，他马上把塔克邀至圣奥梅尔，与自己共进晚餐。说起来，他们还是战场上的对手，曾在1941年法国上空"碰面"一次，而且二人还分别击落了对方的僚机。这次见面后，二人却如同故友相逢般亲切交谈着，最后加兰德说："这下，你就不用继续拿你的生命冒险了。"

【名人谈成熟】

虽然我们时常谈论人生之乐，但是我们都知道，苦日子和好日子一样，是不好过的，是充满着艰难险阻的。一旦谁落入这种境地，他的唯一选择就是奋力前行。

传奇后记

　　塔克次日被送往莱比锡战俘营,之后又转往柏林郊区的一处营地,在那里竟然遇见了他以前的中队长布谢尔,还有另一位被俘的王牌飞行员——传奇的无腿飞行员道格拉斯·巴德。1943年秋天,塔克、布谢尔等200多名盟军飞行员筹划了一项重大越狱行动:计划挖通一条长120米的地道,潜出牢房。

　　1944年3月24日,76名飞行员成功地通过那条地道越狱,而塔克似乎有些不走运,就在地道挖成前夕,他和另外18人被转移到波兰境内的战俘营。但接下来的事实证明,幸运仍然伴随着塔克——德军随后发起了大搜捕,将73名越狱者抓回,并且将其中50人枪杀,死难者包括布谢尔。这起悲剧事件后来被拍成电影《大逃亡》,1963年上映。

　　在波兰的塔克没有放弃求生欲望,终于在1945年2月1日成功逃脱,随后遇上了向西挺进的苏联红军。这次,塔克在儿童时代向家庭保姆学来的俄语派上了用场,消除误会之余,还和苏联士兵们并肩作战一段时间。之

后,塔克被送往莫斯科的英国大使馆,然后乘轮船平安回家。

二战结束了,1946年塔克晋升为中校,又在1949年5月13日退出现役。可以说,塔克已经经历了太多,于是他为余生选择了平静:来到肯特郡的乡下,过起了隐居生活。此后,他只在1969年一度成为公众关注人物:当年出任空战电影《不列颠之战》的技术顾问。有趣的是,这部影片的另一位技术顾问正是他的德国好友加兰德,二人的友谊在片场里又进一步升级:塔克成为加兰德的儿子的教父……

1987年5月5日,一直与好运相伴的塔克离开人世,去向幸运女神致谢,享寿70岁。

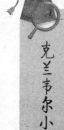

克
兰
韦
尔
小
百
科

　　克兰韦尔军学院使用"鹰"式飞机进行高级飞行训练,其战术科目占一半以上,其中使用机载武器进行空战和对地攻击训练占三分之二。在一次教学训练中,若干架"鹰"式飞机以密集队形起飞,像离弦的箭射向苍穹。它们很快又从远方呼啸着扑来,在接近靶场的刹那间,闪电般做了大角度急转弯俯冲、投弹、跃升等一连串动作,扔下炸弹迅即扬长而去。

第三课　英国头号王牌飞行员帕特尔

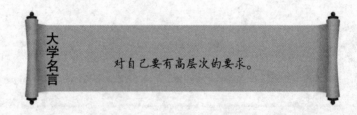

大学名言

对自己要有高层次的要求。

马马德克·帕特尔（Marmaduke Pattle），1914年在南非出生的英联邦头号王牌飞行员。由于英军当年从希腊撤退时丢失了战斗记录，致使帕特尔的准确战果不明，他的战果一直被认为是23架，直到上世纪70年代末，英国的航空史学者经过多方调查后才得出了一个惊人的结论，二战中击落敌机最多的英国空军战斗机头号王牌就是帕特尔，他的个人战果应更正为40架。后来甚至有51架之说。于是，人们重新为他确立了英联邦头号王牌的地位。

【名人谈人生】

　　人生的价值，即以其人对于当时代所做的工作作为尺度。一个人对社会的价值首先取决于他的感情、思想和行动，对增进人类利益起多大作用。

南非少年

　　1914年7月3日出生于南非开普敦省巴特沃斯市。家族中曾有过陆军中将和骑兵上校。1875年其祖父移民南非。父亲夏克参加过布尔战争,以后学习法律取得律师资格并成为农场主。帕特尔的求学生涯主要是在金马舍普中学,该学校位于西南非洲,更具体地说就是今天的纳米比亚。帕特尔之所以在那里就读,是因为他的农场主父亲在英国出兵占领纳米比亚后,随军到那里殖民养羊。

在金马舍普就读期间,帕特尔练成了一手绝活,那便是神枪手。纳米比亚的野生动物非常丰富,上世纪初,没有网上,没有电视看,严重缺乏娱乐设施、有大量闲暇时间的农场主儿子,能有什么事情干?自然是打猎!不但打猎,而且是那种远征队式的打猎,在茫茫大草原上骑马飞跑打猎,实在是太惬意了。就这样,从此一位神枪手诞生了,正如当初在南非大地无序训练就可以和英国人进行战争的布尔人一样,这几乎是天生的本能。而这一本能对后来帕特尔成为英联邦王牌飞行员作用极大。

艰难入伍

世界各国的王牌飞行员中多有被拒绝入伍的经历,如二战法国头号王牌飞行员克鲁斯特曼,二战英国公认的头号王牌飞行员詹姆斯·约翰逊等。帕特尔也曾遭遇这样的命运。

似乎所有的飞行员都对能参加空军有近乎本能的向往,而王牌飞行员自然是有过之而无不及。1933年,帕特尔从维多利亚男子高中毕业后就立即申请加入南非空军。可能是距离战争尚有时日,此时的选拔标准极为严苛,33名申请者中居然只有3名通过。名落孙山的帕特尔被拒绝了!这令他非常失望,但怀着对空军的向往,帕特尔放弃了金矿的工作,加入了南非的准军事组织,希望通过曲线方式进入南非空军。

3年后,虽然没能加入南非空军,

帕特尔却迎来了另外一次机遇——英国皇家空军在南非招收人员。一心想抓住机遇的帕特尔直航英格兰,最终以前三甲的成绩顺利通过考试,成为英国皇家空军的一员。1936年4月,帕特尔开始正式接受飞行员训练,开始了他辉煌的空中生涯。

和当时英联邦所有嫩雉的飞行员一样,帕特尔的"初恋"是一架德·哈维兰的"虎蛾"教练机。这是一款性能良好的双翼教练机,得到英联邦几乎所有飞行教官和飞行员的称赞,许多飞行员甚至认为"闭着眼睛也能安全驾驶该飞机"。除英国外,印度、加拿大、澳大利亚、新西兰等众多国家都曾装备该型教练机,各种"虎蛾"产量甚至高达8700架,在教练机中,这绝对属于惊人的数量。帕特尔接触的第二型教练机是"格罗斯特的铁手套"。该机是二战时期英国著名的、也是英国最后一款双翼战斗机"格罗斯特格斗者"的原型机。

和许多刚开始默默无闻的飞行员不一样,训练期间的帕特尔就表现出了战斗机飞行员的天赋——他是一个优秀的射手。虽然说在马上射击和在飞机上射击是两码事,但两者毕竟有共同的东西,那便是动对动的射击,而不是狙击手那种静对动的类似打靶的射击!

牛刀初试

1937年,帕特尔以优异的成绩完成了训练。由于在训练期间曾担任代

理飞行员指挥官(1936年8月24日被英国第十飞行训练学校的临时委员会授予),1937年6月27日,帕特尔被正式任命为皇家空军的飞行员指挥官,并加入第80中队。帕特尔的座机,正是上面提到的"格罗斯特格斗者"。虽然二战是双翼战斗机的末日,但该型双翼

机却是当时英国最新和最快的
战斗机。

1938年4月，帕特尔随第80中
队被部署到了埃及。二战虽尚未爆
发，但欧洲上空弥漫的绥靖主义气
味已使战争不再遥远。此时的帕特

尔正在呕心沥血地提高战斗技能——对于一个天生的神射手而言，他还需要锻炼战斗机飞行员的其他素养：一是对视觉的培养，看不远如何能打得远呢；二是反应能力，即能在瞬间做出反应，否则只有死亡。

1940年7月，意大利开始袭击英国位于沙漠中的部队。驻扎在埃及和利比亚边境地区富沃德机场的第80中队开始反击。8月，帕特尔宣称自己的成绩已经是4架和1架可能的击落。不过，8月4日帕特尔却被一架意大利战斗机击落。当天，帕特尔和战友共4架"格罗斯特格斗者"护送一架"莱赛德"式联络机(二战时英国有名的特种作战飞机，除能作为陆军和空军的联络机，其更有名的用途是作为夜间战斗机以用于敌后的特种作战)，但却遭遇了意大利空军159中队的6架"布雷达"Ba.65/A-80S型攻击机(装备"菲亚特"A80型发动机，该机并不适合在沙漠地区作战，所以在利比亚作战中几乎损失殆尽)和160中队的6架"菲亚特"CR-32型战斗机。虽然帕特尔迫使1架"布雷达"Ba.65/A-80S型攻击机飞行员跳伞，但却随后遭到了

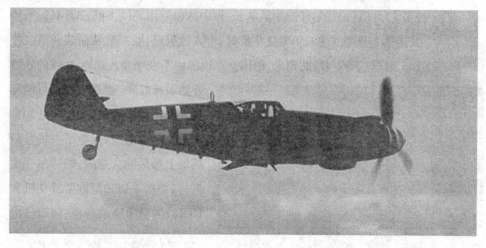

另一队"菲亚特"CR-42"猎鹰"式战机(该机也是双翼机,和帕特尔的"格罗斯特格斗者"堪称棋逢对手,但该机的座舱不是封闭的,虽然飞行性能良好,但由于火力较弱等原因,总是命运多舛。不列颠空战中,意大利的50架"菲亚特"CR-42损失殆尽)的攻击。

虽然帕特尔试图击落该机,但随即发现有一架"布雷达"Ba.65和另一架"菲亚特"CR-42也在夹攻自己,而且实施的是饱和攻击战略,最终帕特尔避开了"布雷达"的攻击,但在"菲亚特"CR-42的飞行员却是个"老鸟",实施了一次完美的偏转攻击,击落了帕特尔的座机。

一起被击落的,还有帕特尔的僚机,幸好二人都得以迫降,而且在降落前都选择在有利于己方的地域。由于是在埃及境内作战,经过两天的沙漠跋涉,帕特尔和队友终于被英国的一个分遣队拯救。根据事后分析,击落帕特尔的是西班牙内战中的意大利王牌飞行员——意大利空军第90中队的弗朗哥·卢基尼中尉,其最终个人战绩是26架。被这样的飞行员击落,帕特尔不冤。

殒命希腊

11月,第80中队作为援军之一部分开赴希腊作战,1941年2月才改装飓风式飞机。到希腊之后,帕特尔的战果开始扶摇直上。改飞新机后,他打下第17架敌机。在2月28日大空战中,他又一人击落CR42和BR20型意机各2架。3月里,帕特尔任33中队队长,该中队也使用飓风飞机。3月4日,当他又击落一架意大利G50型战斗机时,个人战果已达23架,从而荣获第二枚DFC勋章。随着4月的到来,德国空军也源源不断地介入此地,RAF的处境开始艰难起来。德国飞行员可没有意大利佬那么容易对付。4月20日在匹留斯湾上空,发生了一场希腊战场上最后的大空战,帕特尔一次击落2架德军Bf110型重型战斗机和1架Bf109型单座战斗机,但自己也

【名人谈人生】

人生是否有价值,关键要看活着为人类还是为己。人生的目的,在发展自己的生命,可是也有为发展生命必须牺牲生命的时候。但愿每次回忆,对生活都不感到内疚。

被德国空军第26航空团的另一架Bf110所击中，壮烈捐躯。

人物评价

帕特尔不仅飞行技术和射击技巧高人一筹，而且视力超凡。他借鉴并发展了原用于意大利轰炸机部队中的"两连射攻击法"，其部下运用此战术后战果累累。帕特尔是一位稳重、诚实并忠于职守的超级战斗机飞行员。

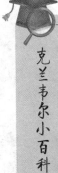

克兰韦尔小百科

　　克兰韦尔军学院的主要训练机构有：第三飞行训练学校，招飞、选飞与初始军官训练理事会，特别地面训练系，基础飞行训练司令部，中央飞行学校等。第三飞行训练学校下设地面分校、飞行联队、领航与空勤分校。地面分校主要负责从理论上对学员进行训练，训练的主要内容有飞行理论、机械原理以及相关的理论课程。不但所有的空军飞行员，而且有些陆军航空兵、海军航空兵飞行学员也到该校学习。

第四课　克兰韦尔名人榜——查尔斯王子

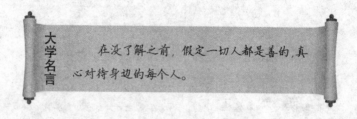

大学名言

在没了解之前，假定一切人都是善的，真心对待身边的每个人。

王子的生平

1967年查尔斯王子进入剑桥大学三一学院学习，1971年获学士学位，是英国取得学士学位的第一位王储。1971年至1976年随皇家海军在国外服役，并进入皇家空军学院和达特茅斯皇家海军学院学习。1998年7月2日获达勒姆大学颁授的荣誉学位。

1981年7月29日与斯潘塞伯爵的女儿黛安娜·弗朗西斯·斯潘塞（通称黛安娜公主，即威尔士王妃）结婚。1992年12月9日，英国首相梅杰在议会宣读了白金汉宫的声明，查尔斯王储和黛安娜王妃决定分居。1996年7月12日与黛安娜王妃就离婚条件达成协议，双方同意离婚。8月28日，双方解除婚约。

2005年4月9日与相恋35年的情人卡米拉在温莎市政厅，以民事注册的方式低调举行了婚礼，英国女王伊丽莎白二世出席了在温莎城堡圣乔治礼拜堂的赐福仪式。与黛安娜王妃有两子:威廉王子,全名威廉·亚瑟·菲利普·路易斯·蒙巴顿–温莎(1982年6月21日出生)。哈里王子,全名亨利·查尔斯·艾伯特·大卫·蒙巴顿–温莎,昵称为哈利(1984年9月15日出生)。

人生经历

　　英国王储查尔斯王子,全名查尔斯·菲利普·阿瑟·乔治(Charles Philip Arthur George),1948年11月14日出生,是英国女王伊丽莎白二世和爱丁堡公爵菲利浦亲王的长子。1952年被封为康沃尔公爵、卡里克伯爵、伦弗鲁男爵、苏格兰诸岛和大斯图尔德勋爵。1958年,被封为威尔士亲王(英国王位继承人在储位期间的专用封号)和切斯特伯爵。

王子的所有称呼

　　中文:"查尔斯·菲利普·阿瑟·乔治王子殿下,威尔士亲王和切斯特伯爵、康沃尔公爵、罗撒西公爵、卡里克伯爵、伦弗鲁男爵、苏格兰外岛的领主、苏格兰王子和苏格兰王室总务官,最高贵嘉德勋章的骑士伴随、最古老和最高贵蓟花勋章骑士、最尊敬的巴斯大十字勋章的高贵主人

和首席骑士,功绩勋章成员、澳大利亚勋章骑士、女王服务勋章成员、女王陛下最尊敬的王室枢密院大臣、女王陛下的侍从武官。"

英文:"His Royal Highness The Prince Charles Philip Arthur George, Prince of Wales and Earl of Chester, Duke of Cornwall, Duke of Rothesay, Earl of Carrick, Baron of Renfrew, Lord of the Isles, Prince and Great Stewardof Scotland, Knight Companion of the Most Noble Order of the Garter,Knight of the Most Ancient and Most Noble Order of the Thistle, Great Master and First and Principal Knight Grand Cross of the Most Honourable Order of the Bath, Member of the Order of Merit, Knight of the Order of Australia, Member of the Queen's Service Order, Lord of Her Majesty's Most Honourable Privy Council, Aide-de-Camp to Her Majesty."

被封头衔

查尔斯于1948年11月14日在伦敦白金汉宫出生,是为爱丁堡的查尔斯亲王(Prince Charles of Edinburgh)。在他母亲继承英国王位后,他旋即被封为康沃尔公爵。这个头衔始自英王爱德华三世继位后,就一直赐封与英国君主的长子。而查尔斯也立即获封一系列传统的苏格兰的贵族头衔,如罗撒西公爵、卡里克伯爵等。

获封威尔士亲王

早在1958年,英女王伊丽莎白
二世已发出谕旨,封查尔斯为威尔
士亲王和切斯特伯爵（Earl of
Chester）。但正式的册封大典直至
1969年7月1日才在13世纪以来册

封大典的举行地,北威尔士 的卡纳封堡（Caernarfon Castle）举行。为庆祝
这次册封,威尔士南部的一个海港斯旺西被女王御赐都市地位。

查尔斯其后入读苏格兰的高登斯顿学校（Gordonstoun School）和剑桥
大学三一学院。其间还到澳大利亚的一个户外学习中心上了一个学期的
学。值得一提的是,查尔斯是第一位能说威尔士语的威尔士亲王。为此,他
特意入读威尔士大学。虽然此举提升了查尔斯在威尔士的民望,但他的册
封大典还是在威尔士民族主义武装组织的袭击威胁下举行。

20世纪70年代末,当时的英国首相詹姆斯·卡拉汉邀请查尔斯王储参
与内阁会议,让他了解政府内阁如何运作。查尔斯是继英王乔治一世后第
一位参与内阁会议的王室成员。

感情生活

作为英国王储,查尔斯的恋爱经历一直
是英国大小传媒追访的话题。

查尔斯曾经和若干女子传出过绯闻,包
括乔治安娜·罗素（Georgiana Russell,前英国
驻西班牙大使之女）、珍·卫斯利（Lady Jane
Wellesley,第八代威灵顿公爵之女）、戴维娜·
谢菲尔德（Davina Sheffield）、名模菲安娜·瓦
特森（Fiona Watson）、还有戴安娜王妃的姊姊
莎拉·斯宾塞（Lady Sarah Spencer）等等。

他现在的妻子,卡米拉·珊德在查尔斯婚前也传出过绯闻,但在20世纪70年代末传出二人分手的消息。1981年2月24日,白金汉宫宣布查尔斯与第八代斯宾塞伯爵之女戴安娜·斯宾塞订婚。当时戴安娜年仅19岁,虽然她拥有贵族身份,但她的职业只是一位幼稚园老师。1996年8月26日,查尔斯和戴安娜正式离婚,结束了二人15年多的夫妻关系。

据说,卡米拉曾经帮助查尔斯选择戴安娜为妻。

与戴安娜王妃的婚姻

1981年7月29日,查尔斯和戴安娜在3500名来自世界各地的嘉宾(包括卡米拉)的见证下,在伦敦圣保罗大教堂完婚。欧洲各国的君主和领导人除了西班牙国王胡安·卡洛斯一世（因王储夫妇蜜月的其中一站在直布罗陀）、希腊总统（因英王室以"希腊人的国王"邀请流亡英国的前希腊国王出席婚礼）和爱尔兰总统（因北爱尔兰争端）外,都出席了婚

礼。与此同时,全球约有7.5亿人在电视机前见证这次豪华的王家婚礼。

戴安娜在婚后获得了"威尔士王妃殿下"的头衔,但是大众还是偏好使用一个错误的称呼,"戴安娜王妃"。婚后王储伉俪的居所分别是伦敦的肯辛顿宫和告士打郡的海格洛夫庄园(Highgrove)。从此,戴安娜王妃成为英国王室的明星,自此她常遭到"狗仔队"的贴身追访,而她的打扮、衣着甚至举止成为了英国

女性争相模仿的对象。

但王储夫妇的婚姻很快触礁。婚后，王储和他的旧情人卡米拉藕断丝连。这段婚外情令王储的婚姻在5年内迅速破裂，卡米拉也受不少英国人指责为王储这段童话式婚姻的破坏者。在巨大的压力下，戴安娜王妃婚后的脾气变得很大和很不稳定，她不但辞退了长期服务王储的侍从，还和她的亲友经常吵架，包括她的父母、哥哥、著名音乐人艾尔顿·约翰爵士（Sir Elton John），甚至自己的侍从。王储伉俪因为各自都经历了不愉快的童年，因此都十分投入慈善事业。而有一点佐证了王储的婚姻触礁，当戴安娜王妃全力帮助艾滋病人，王储却在扩展他名下的基金受助机构的数目。

而王储与卡米拉毫无收敛地开展婚外情之后，不堪忍受的戴安娜也与她的副官开始了婚外情。20世纪80年代末，王储伉俪已经开始非正式分居，王储主要居住地在海格洛夫庄园，而戴安娜则住在伦敦的肯辛顿宫。二人在1992年正式分居，而二人也开始了"威尔士王室之战（War of the Waleses）"的口水战。在此期间，王储与卡米拉婚外情的详情更被戴安娜王妃完全曝光。

1996年8月26日，查尔斯和戴安娜正式离婚，结束了二人15年多的夫妻关系。他们在婚姻期间产下两位王子，分别是日后的储君威廉王子和哈利王子。

1997年8月31日，戴安娜王妃因车祸死于法国巴黎。查尔斯王储的处理前妻后事的手法获得英国大众的肯定。首先是不顾顾问反对亲赴巴黎接回王妃遗体，其后坚持为戴安娜安排王家葬礼，更不惜特别设计一套新的葬礼程序。最后更带着两位王子在王妃灵柩后步行，陪她走完最后一程。此后，王储成为两位王子的单亲爸爸，令他得到英国民众的不少同情，哈利王子涉嫌吸毒的事件令众人觉得王储育儿的担子不轻。这些事件令王储的声望由20世纪90年代初的低点，攀升到现在的位列王室的前列，仅次于他的儿子威廉王子。

【名人谈人生】

如果不献身给一个伟大的理想，生命就是毫无意义的。人生最终的价值在觉醒和思考的能力，而不只在于生存。

与卡米拉的婚姻

在戴安娜去世后，卡米拉与查尔斯的关系逐渐由地下转到了地面。卡米拉多次陪同王储出席公开活动，甚至获准参与王室内部的私人晚宴。但他们二人能否结婚一直是一个争议性话题。根据宗教和传统的角度来说，查尔斯将会继任为英国圣公会的最高总裁，因此他的王后一定不能是天主教徒，而且他的王后在嫁给他以前，必须保持童贞。而卡米拉离过婚，肯定不符合资格。另一方面，圣公会极力反对教徒在前配偶在生时再婚，卡米拉的夫婿仍然在生，令这段婚姻更富争议性。因此，圣公会部分工作人员一直反对这段可能的婚姻，而部分虔诚的教徒也对这段婚姻的合法性持怀疑态度。

而卡米拉离婚妇人的身分也惹来第二个问题——她的头衔。根据《1772年婚姻法案》，王储和卡米拉的婚姻可以按照贵贱联姻的特例来处理。根据这个法案，卡米拉在婚后将不会获得威尔士王妃殿下和将来王后陛下的称号。

2005年2月10日，英王室宣布查尔斯王储和卡米拉·帕克-鲍尔斯女士将于同年4月8日完婚，行礼的地点将会是温莎堡的圣乔治教堂，婚礼仅以

私人形式举行，并由坎特布里大主教罗万·威廉斯博士主持。后来由于圣乔治教堂并未持有合法主持婚礼注册的执照，注册仪式改到在温莎市政厅举行，并在圣乔治教堂举行祝福礼。最后因婚期与教宗若望保禄二

世的葬礼碰撞,二人最终把婚期顺延一天,于4月9日举行大婚仪式。

婚后卡米拉自动成为威尔士王妃、康沃尔公爵夫人、罗撒西公爵夫人、切斯特伯爵夫人、雷非男爵夫人等等。

卡米拉婚后不使用"威尔士王妃殿下"的称号,而使用"康沃尔公爵夫人殿下"(英格兰)和"罗撒西公爵夫人殿下"(苏格兰)这两个头衔。而在未来,查尔斯如果登基为英王,尽管法律上卡米拉自动成为王后,但是她将使用"英王伴妃殿下"的称号,而不是"王后陛下"。卡米拉将会成为英国历史上第一位不使用王后称号的国王的合法配偶。但是在法律上,她是英国以及英联邦其他十五国的王后。

王储大婚一波三折

由于查尔斯与卡米拉都曾经历过一次婚姻,不宜在教堂举行结婚仪式,因此二人的婚礼将以世俗仪式进行。2月10日,查尔斯在克拉伦斯王府宣布,结婚典礼将在温莎城堡举行。

然而,克拉伦斯王府随后发现,温莎城堡没有举办世俗婚礼的执照。而如果为举办王储的婚礼申请一个执照,该执照有效期是3年,那么,在接下来的3年里所有的英国公民都有权力在温莎城堡举行婚礼。为了避免温莎城堡沦为举行公众婚礼的酒店、维护英国王室的尊严,查尔斯王子的结婚典礼只好改在温莎市政厅举行,典礼后新人才回到温莎城堡内的圣乔治教堂,参加由坎特伯雷大主教主持的祝福仪式,婚礼的酒会随后在温莎城堡内举行。

查尔斯婚期宣布后,其母亲、英国女王伊丽莎白二世发表声明,对儿子的婚事表示"高兴"。但是,当结婚仪式地点改在温莎市政厅后,英国王室宣布女王将不参加该仪式,只参加随后在温莎城堡内举行的祝福仪式和酒会,女王将负责酒会的开销。

【名人谈人生】

把人的价值降低为消费的实惠,无疑是创造性价值的泯灭;把生命变为待价而沽的商品,无疑是人的本质的沦丧。人生的最大快乐,是自己的劳动得到了成果。

　　根据英国王室发言人的说法，查尔斯和卡米拉希望举行一个低调婚礼，因此，女王不参加结婚仪式，主要是出于对这个意愿的尊重。此外，女王不去温莎市政厅也是出于安全方面的考虑。然而，英国媒体指出，将有700名宾客参加这场举世瞩目的婚礼，不论从哪方面来说这场婚礼都难以称得上"低调"；而温莎市政厅和温莎城堡仅隔着条马路，女王曾经莅临该地，安全隐患之说难以说得通。

　　因此，各方媒体纷纷揣测女王不参加儿子结婚仪式的真正原因。不管是出于何种原因，女王的决定，将使她成为英国王室历史上第二位不参加儿子婚礼的母亲。142年前，英国维多利亚女王也曾缺席儿子爱德华王子与丹麦公主的结婚大典；不过，当时维多利亚女王这么做是因为其丈夫刚过世不久，她不参加任何庆典活动以悼念亡夫。

　　除了婚礼仪式安排引起尴尬以外，查尔斯与卡米拉举行世俗婚礼的合法性也受到质疑。

　　1836年出台的英国婚姻法，第一次允许英国民众进行世俗婚礼，但规定王室成员的婚姻仍必须通过宗教仪式完成。1949年颁布的新婚姻法，虽然对婚姻的缔结方式做出简化和改进，但该婚姻法中有这样的一句话：

"本婚姻法的所有内容不影响与王室成员婚姻有关的任何现有法律与习俗。"在20世纪50年代，伊丽莎白女王的妹妹玛格丽特公主爱上了英国军官彼德·唐森德，但因为唐森德曾经离婚，不能举行宗教婚礼仪式，而王室成员不允许举行世俗婚礼，玛格丽特公主最终只好放弃了这门亲事。

另一方面，如果查尔斯将来继承王位，他将成为英国圣公会的最高领袖。未来的教会领袖大婚居然不在教堂进行，这使英国圣公会委实郁闷。

因此，许多人认为，查尔斯与卡米拉的世俗婚礼既缺乏法律依据，也不合乎传统礼俗。圣乔治教堂的神父保罗·威廉姆森已经撰写了正式文书，向查尔斯和卡米拉所在的婚姻注册部门进行投诉。他甚至明确表示，将在婚礼仪式上高声反对这场婚姻。

在质疑声中，英国司法大臣兼宪政事务大臣费尔康纳勋爵上书英国上议院，强调查尔斯王储的世俗婚礼没有违背英国法律。他搬出2000年出台的《人权法》作为最终的法律武器——根据《人权法》，公民的结婚权应受到保护和尊重。具有讽刺意味的是，查尔斯王子过去曾批评该人权法是"对理智、文明、秩序的威胁"。除了政府的支持以外，英国圣公会领导人坎特伯雷大主教罗曼·威廉姆斯也出面对查尔斯与卡米拉的婚姻表示支持。因此，尽管众说纷纭，这场婚礼所面临的法律障碍已经基本扫清。

备受争议的恋情

在宣布婚期之后，56岁的查尔斯和57岁的卡米拉在温莎城堡举行庆祝仪式，身穿深红色礼服的卡米拉，春风满面地向公众展示查尔斯赠送的订婚戒指——这是一枚白金钻戒，白金指环上镶嵌一颗硕大的方钻，两边各镶嵌3枚小的钻石。卡米拉告诉到场的记者，查尔斯单膝下跪向她求婚。

英国王室宣布，婚后卡米拉将获得"康沃尔公爵夫人"

【名人谈人生】

生活的意义在于美好，在于向往目标的力量。应当使征途的每一瞬间都具有崇高的目的。苏联伟人高尔基的生平昭示我们，我们也能使自己的生命令人崇敬；当我们告别人生的时候，在时间的沙滩上留下自己的脚印。

的头衔("康沃尔公爵"是查尔斯的头衔之一),但是,如果查尔斯有朝一日继承王位,卡米拉将不会获封为王后。也就是说,卡米拉不会继承查尔斯的前妻、已故戴安娜王妃的地位。1971年,查尔斯和卡米拉在温莎城堡附近的一次马球比赛中初次相遇,从此展开了长达30多年分分合合的恋情。

1973年,卡米拉嫁给了英国陆军军官安德鲁·帕克尔·鲍尔斯,查尔斯也在8年后与戴安娜共结连理。然而,卡米拉与查尔斯之间的来往从未间断。

在查尔斯与戴安娜的婚姻出现问题时,卡米拉被指为破坏这段婚姻的第三者。1992年,查尔斯与卡米拉之间的一段电话录音被媒体披露,彻底暴露了二人的暧昧关系。1993年,卡米拉与丈夫离婚,而查尔斯与戴安娜的婚姻也在一年后正式结束。

与美丽时尚的戴安娜王妃相比,卡米拉相貌平平、穿着朴素,英国媒体刻薄地说,卡米拉总像起床没梳洗就出门。但据熟悉卡米拉的人说,卡米拉性格热情开朗、富有幽默感,喜欢乡村生活和体育运动,与个性羞怯、着迷时尚社会的戴安娜截然不同。

据悉,戴安娜刚开始与查尔斯约会时,一直小心翼翼地尊称查尔斯为"先生"。而卡米拉初次偶遇查尔斯的时候,对他说的第一句话是"我的太祖母是你太祖父的情妇,你觉得怎么样?"正是卡米拉这种自信、开朗、随性的风度长久地吸引着查尔斯。

随着戴安娜王妃因车祸故去多年,英国民众逐渐接受查尔斯与卡米拉的关系,二人一起公开露面的次数也逐步增多。为了让王室和公众接受自己,卡米拉也开始注意自身形象,近年来人们时常看到她身着华丽礼服、佩戴闪亮珠宝在公共场合亮相。

【名人谈人生】

在人生的路上,将血一滴一滴地滴过去,以饲别人,虽自觉渐渐瘦弱,也以为快乐。应以事业而不应以寿数来衡量人的一生。

在查尔斯50岁生日宴会上,卡米拉第一次与威廉王子和哈里王子见面。对于父亲与卡米拉的婚礼,两位王子已表达了祝福。按照西方的传统,两位王子理应是父亲婚礼上的伴郎,但是查尔斯表示,他与卡米拉的婚礼上将不设伴郎。

民意不支持查尔斯继承王位

据民意调查显示,多数英国老百姓支持二人的婚事。然而,这不表示英国公众对查尔斯王储的看法有所好转。

在一些民众眼里,迟钝、冷淡的王储殿下形象十分不讨喜,而他在与戴安娜婚姻中的表现,让人看到他的无情无义和自私。他们认为,查尔斯应该像爱德华八世那样为了迎娶自己心爱的人而放弃王位。如果查尔斯这么做,他的行为将得到尊重和赞赏,人们对他的印象也将有所改观。

但至今没有任何迹象显示查尔斯愿意放弃王位。据英国《每日电讯报》最新的民意调查显示,只有不到三分之一的受调查人员表示支持查尔斯继承王位,多数民众希望威廉王子成为下一任英国国王。

从宣布婚期至今短短的半个月时间里,查尔斯王子婚礼安排的失误及其引发的风波一直不断发生,使他在民众心目中的形象更为不堪。从美国白宫传出消息,身为虔诚基督教徒的美国总统布什,拒绝卡米拉随查尔斯王储在今年秋天访美,这使查尔斯更是难堪。

毫无疑问,当查尔斯继承王位之事正式提上日程之时,将会引发更多的是非和争论。

王储的私生活

王储是一位热爱马术和打猎的王子。查尔斯从年轻时代起就很喜欢打马球,在1992年之前都是正式比赛的马球队的一员,之后一直进行马球比赛为慈善事业募款,直到2005年才停止打马球,因为他曾经在马球场上受过两次比较严重的伤:一次是在1990年上马匹滑到,右臂骨折;一次是在2001年坠马失去知觉。查尔斯很喜欢猎狐,直到这项活动在2005年被法令禁止。钓鱼也是查尔斯的爱好之一,最深刻的钓鱼经历是在冰岛。

查尔斯王子对艺术很有鉴赏力,他自己绘制的水彩画作很多被展出和拍卖。查尔斯自己出过书,甚至参加过戏剧演出。

他曾经在英国皇家海军服役,在1976年2月至12月指挥过扫雷舰保罗宁顿号。另一方面,他成立的威尔士亲王基金,为一些无法得到主流财经机构援助的组织、公司或个人(如艺术家)提供贷款和援助,同时也为英国各地的失业人士提供再培训和求职的机会。

王储的性格十分复杂。他曾经承认他有间歇性忧郁症,不过他在公众场合的表现常常十分得体。另外,他十分热心于环境保护、建筑、都市重建和提升生活质素等问题。他决定重建多赛特郡的彭布里镇(Poundbury,

Dorset），以实践他的建筑和城镇规划的新理念。纵使遭到讽刺，但王储仍热心于他的公爵领地内的有机作物的种植和推广等事宜。

王储也很热心国际事务，纵使他并不是主责处理。例如他出访爱尔兰，他在当地的致词是经过精心准备，事前进行过资料搜集，而不是简单乏味的致词。此举受到爱尔兰上下的欢迎。王储也是绘画爱好者，他的画作多被拿出来义卖，他也曾将作品辑录成书出版。

王储对于哲学十分有兴趣，特别是对来自亚洲和中东的哲学有兴趣。他和著名作家劳仁斯·凡·德·波斯特的友谊始于1977年，直至波斯特去世。波斯特因此被指为"英国的太傅"，更有幸成为威廉王子的义父。虽然王储的受欢迎度一般，但他被公认为英国历史上最热心于慈善事业的储君。

查尔斯王储现时的官方居所为克拉伦斯王府（Clarence House），此原为查尔斯祖母伊丽莎白王太后的居所。王储过往的官方居所包括早年居住的圣詹姆士宫（St James's Palace）和马尔巴罗王府（Marlborough House）。查尔斯还有自己个人的地产在 Gloucestershire 的海格洛夫庄园Highgrove House，查尔斯王储在世界各地有多处地产。

王子的军衔

名义上，查尔斯王储是一位军人，而且拥有众多军衔，但是都

是由他母亲赐封，并不是以战功换来的。王储在英国皇家海、陆、空三军都拥有中将的军衔，而且还是若干军团的名义领袖：威尔士卫队上校（自1975年3月1日）、加拿大航空预备队名誉团长（自1977年6月11日）、英格兰柴郡（Cheshire）22军团名誉团长（自1977年6月11日）、加拿大皇家斯卡特科拿勋爵骑兵团名誉团长（自1977年6月11日）、英国皇家空军伞兵团名誉团长（自1977年6月11日）、澳大利亚皇家盔甲步兵团名誉团长（自1977年6月11日）、英国皇家廓喀步枪兵团名誉团长（自1977年6月11日）、新西兰皇家空军名誉最高长官（自1977年6月11日）、加拿大皇家步兵团名誉团长（自1977年6月11日）、加拿大温尼伯步枪兵团名誉团长（自1977年6月11日）、英国皇家太平洋群岛步兵团名誉团长（自1984年8月8日）、加拿大皇家重骑兵团名誉团长（自1985年9月17日）、英国皇家陆军空战兵团名誉团长（自1992年3月1日）、英国皇家重骑兵卫队名誉团长（自1992年7月1日）、英国皇家空军名誉准将（自1993年4月1日）、苏格兰高低联队名誉副队长（自1994年9月1日）、苏格兰皇家高地人步兵团（黑守夜人兵团）名誉团长（自2003年7月1日）、英王直辖第一重骑兵卫队名誉团长（自2003年7月1日）、英王步兵团名誉团长（自2003年7月1日）。

王子的种种困扰

1. 大家众所周知的：戴安娜王妃和他的婚姻问题。直到现在，因为戴安娜王妃的事情，查尔斯还是备受谴责的。

2. 民众的爱戴问题。因为戴安娜王妃的原因，人们拥戴威廉王子直接继承王位的呼声非常高。儿子的威望大大高于父亲。

3. 现在虽然和卡米拉结婚了。但是在2006年的时候突然爆出了卡米拉和他分居的消息。

【名人谈人生】

人生的重大决定，是由心规划的，像预先计算好的框架，等待着你的星座运行。如期待改变我们的命运，首先要改变心的轨迹。

4. 何时继承王位？就和媒体消息一样，他的母亲、伊丽莎白女王二世把女王当成是自己的职责所在，这也是她一直不退位的原因,虽然已经超过了80岁,仍旧每天处理政务。而查尔斯王子已经年龄很大了,何时继承皇位是英国媒体和全世界关注的。

5.卡米拉封后问题。虽然根据英国法律,查尔斯王子如果继承王位的话,卡米拉当然是王后。但是一方面因为戴安娜王妃虽然逝世已经过了13年,但是其重要的影响力超过了皇室的所有成员,甚至是女王,部分民众坚决反对卡米拉成为王后,他们心中永远的王后只有戴安娜王妃,现在仍旧有很多人认为是卡米拉破坏了戴安娜王妃和查尔斯王子的婚姻;部分英联邦成员国甚至发布消息说,如果卡米拉封后,他们就退出英联邦,因为卡米拉要想封后,必须要英联邦的议会一致通过;而英国政府对此也保持谨慎态度。而卡米拉要想顺利地成为王后,必须要修改英国宪法,并且在英联邦的议会通过。综合人脉、政治等因素,卡米拉封后的道路充满荆棘。

王子的财产数目

身为英国王储,查尔斯的财政状况到底怎么样呢?据内幕人士称,以英女王为首的温莎王室共拥有财产约20亿英镑。各王室成员中,又以英女王伊丽莎白二世最富有,拥有11.5亿英镑财富,王储查尔斯的身家估计为3.46亿英镑,仅次于其母。

据英国王室2003年公布的查尔斯财务状况报告显示,他的税前收入高达1190万英镑,比前一年增加了200万英镑。在这1190万英镑的收益中,一大部分来自于查尔斯名下领地的收入。14世纪,英王爱德华三世将康沃尔地区144万英亩农田赐给自己的长子,此后这片田园就成了王室的财产。如今田地的主人正是查尔斯,他将田地出租,换取大量的租金。

【名人谈人生】

世间的许多事情都是如此:当你刻意追求时,它就像一只蝴蝶一样振翅飞远;当你摒去表面的凡尘杂念,为了社会,为了他人,专心致力于一项事情时候,那意外的收获已在悄悄地问候你。

第二部分收入来自查尔斯一手创办的有机食品公司。2003年,食品公司终于扭亏为盈,给他带来了至少100万英镑的收入。

第三部分收益来自地产生意。近年来,查尔斯用自己账户中的资金购买了一些低价位商务楼盘,然后在适当的时候抛售出去,这也为他带来了不少利润。据悉,查尔斯曾先后在丹佛、利兹和沃林顿地区从事地产交易。

此外,礼物也占查尔斯收入的一部分。身为英国王储,查尔斯一年里自然不断收到来自世界各地的礼品,据王室内部消息,查尔斯每年都会卖掉部分礼物,并把卖礼物的钱收入自己的钱包。

王子的尴尬纪录

查尔斯王子所在的克拉伦斯宫2011年4月20日发布的消息说,今年62岁的查尔斯王子已经成为英国历史上拥有王位继承权最长时间者。

此前该项纪录是由查尔斯的曾曾祖父爱德华七世创造的,其时间是59年2个月零13天。1841年11月9日,在维多利亚女王已经继位后,其子爱

德华七世正式继位。

查尔斯王子的母亲
伊丽莎白二世1952年2月
6日登基,当时3岁的查尔
斯被确立拥有王位继承
权。在他9岁的时候,获得
威尔士亲王的王储地位。
按照英国现行法律,英国
王位继承人顺位排序中,
男性占有一定优先权。在
查尔斯王子的长子威廉

王子大婚临近之时,英国副首相克莱格日前呼吁修改现行的王位继承法,
除去带有性别歧视的条文。如果王位继承办法得以改变,那么目前排在王
位继承人第二顺位的威廉王子和凯特的第一个孩子无论男女,都将成为
第三顺位继承人。而按照现行法律,假如第一个孩子是女孩,她在顺位排
序中将低于她的弟弟。

近日英国一项民意调查显示,多数人希望威廉王子能够越过其父查
尔斯王子继承王位,而支持者中多为年轻人。

查尔斯的另一面

斑白的头发,疏淡的眉毛,高挺的鼻梁,还有微微上扬的唇角,这样
的五官组合在一起,实在没有太多特别,看上去,这副面孔平凡得就像小
区花园里遛弯的邻家大爷,与世无争地悠享生活颐养天年。是他身穿的
这身戎装令内敛的霸气彻底外露。猩红色的
英军传统军服上,缀满了代表荣耀的勋章,贵
族蓝的绶带在无声地提醒你,他来自这个世
界上最有声望的家族之一——温莎。

一切看上去真有些时运不济,然而这并

> 【名人谈人生】
>
> 很多时候解释是不必要
> 的——敌人不相信你的解释,
> 朋友不需要你的解释。

不影响查尔斯成为一个有意思的人。这个看似木讷寡言的老头,有着绝对高雅的品位,曾被美国时尚杂志选为"全球最佳着装男士";他热衷环保,一直积极提倡有机种植方式以保证土地的可持续发展;他关心公益,名下的"王子基金会"是一个非常庞大的慈善产业,每年据称可以募集1.1亿英镑的资金……

63岁的查尔斯王子就是一个矛盾综合体,外表普通却又身份高贵。作为英国历史上拥有王位继承权时间最长的储君,他的处境可说是有些尴尬,母后伊丽莎白二世没有退位的意思,儿子威廉则受到民众追捧有望直接跳过他继位。并且,因为戴安娜和卡米拉的关系,在很长一段时间里,新闻报道里的查尔斯是没有一副好嘴脸的。甚至因为他一个人的缘故,连累了整个英国王室在公众中都没有好形象。

事实上,也有越来越多的人开始用积极的眼光打量查尔斯。在他60岁生日时,《经济学人》副刊《Intelligent Life》做了封面报道,认为他毫无疑问会是位有责任感的国王,也有可能成为一名激进的国王。

商业嗅觉敏感的"王室农夫"

查尔斯坚信,有机耕种是靠土地产量生活的唯一方法,而不是耗尽它的资源。从1984年起,查尔斯开始有机农业实验。1996年,他建立了自己的食品公司,该公司产品名为"公爵原味(Duchy Originals)",大约250种"公爵原味"产品在市场上提供。

活跃在第一线的慈善家

从上世纪80年代起,查尔斯就对于环保问题非常关注,一直积极提倡"环境敏感的思维方式"。他创立的有机作物品牌发展到现在,已经可以生产200多种生态友好产品,年利润额可达五六百万英镑。但他自己分文不取,全部捐给他名下的"王子基金会"。

"王子基金会"是一个非常庞大的慈善产业,旗下还有十几个专门的慈善基金,每年据称可以募集1.1亿英镑的资金。王子基金会只是查尔斯主持的19个慈善组织中的一个。

"世界最佳着装男士榜"

Esquire杂志发布的年度世界最佳着装男士榜曾爆出黑马。让许多人不爽的是,奥巴马,这位近期时尚界大热的新生代"衣架子"竟然只能屈居第四;而更可气的是,大洋彼岸英国的查尔斯王子却荣登榜首。

据说,有超过60%的读者认为查尔斯王子标志性的双排扣西装造型实在不怎么样,更有人将其称为是19世纪殖民时代的着装风格。但是,既然我们讨论的是着装,那么就不该戴上有色眼镜,把对查尔斯个人的观感带入对其服装的评价之中。

克兰韦尔小百科

第一次世界大战后,英国皇家空军参谋长休·特伦查德爵士决定加强皇家空军作为独立军种的地位。其中的一项措施就是建立一所军事航空学院,为皇家空军未来的指挥官们提供基础训练和飞行训练。1920年2月5日,英国皇家空军正式成立,朗克罗夫特空军准将为学院院长。这也标志着世界上第一个军事航空学院的诞生。

后 记

　　本丛书是根据世界著名大学文化教育长期思考研究编辑而成，它代表着我的一份独立思考，更代表着我的一份紧张和不安。

　　我知道书是写给别人看的，且不说怎样去影响别人、打动别人，起码得让人饶有兴致地读下去吧。我试图从新的视角，新的写作方式，尽可能全面准确地把握写作主题，让读者从世界著名的20所高等学府中获取知识，从而提高自身的文化素质，学习思考问题和学术研究的新方法。在文化交流中，读者能够从本丛书中了解到世界著名大学的文化教育思想，同时可以学习借鉴这些大学教育经验的有效做法和成功经验。我知道，想到了未必能做到，更未必能做得好。这是个大问题，就算不能够起到抛砖引玉的效果、但是在编写过程中我还是做了大胆的尝试，希望读者们可以在阅读的过程中有所收获，有所启发。

　　本着这样的想法和初衷，经过长期的准备和编写，书稿业已完成。大学是人才荟萃、知识丰富和精神自由的地方，在大学里，每个大学生的人生都会因为环境而发生重大的转折和改变，这也是人生获取能量、积累资源最重要的时期。因此，大学生在校期间应该兼收并蓄，广泛寻求与老师、同学、校友之间的互动交流机会，从而既可获得一面立体的"镜子"，清晰地认清自己，又能获得各类精神营养的滋润，让自己拥有领袖的气质。

　　大学是未来领袖的摇篮，是天才的渊薮，也是一个人在走向社会之前的自我磨练的地方。在这样一个思想极度开放自由的地方，作为大学生必然会遇到各种各样的问题。在这套丛书中，我们不仅介绍各所世界名校的

发展历程、研究成果，同时我们还介绍了这些高等学府的知名校友，青少年在阅读时会从那些名人的生平事迹中有所感悟，从而影响青少年读者的人生价值观。我始终认为大学教育是一个人在成才过程中必不可少的教育阶段，在这一时期，大学生们必须要有自我发展的意识，而"未来领袖摇篮"丛书正好符合了青少年在这方面的需求。

大学有着深厚的文化积淀，其功能是培养符合社会需要的人才。尽管大学中的教学活动都是围绕专业知识的传授和学习展开的，实际上，一批又一批的青年学子始终是在学校中各种"潜在课程"、"无形学院"的培养、熏陶和影响下成长的。学知识与学做人，始终是摆在大学生面前的两件同等重要的任务。大学教育的本质在于人的教育。

高等教育的最重要目标并不是为了培养出多少具有先进知识的人才，而是在于培养具有高等素质的复合型人才。换句话说，在学生的专业知识与人格得到全面发展的同时，大学作为培养"未来领袖的摇篮"肩负着责无旁贷的重任。